Composition : IGS-CP

92 avenue de France, 75013 Paris.

ISBN : 978-2-09-279140-0

N° d'éditeur : 10268455-279140

Achevé d'imprimer en France en juillet 2023

par Laballery - N° 306589

Dépôt légal : août 2023.

Marie-Laure Viaud

CHANGER L'ÉCOLE

Une nouvelle école est possible, reconnectée à l'enfant et aux défis du monde

NATHAN

Sommaire

Préambule

Je suis maître de conférences en sciences de l'éducation à l'université Lille-Nord-de-France et agrégée d'histoire. Depuis 1997, j'étudie les écoles et pédagogies « différentes », c'est-à-dire celles dont le projet se situe dans la filiation des pionniers de l'éducation nouvelle (Freinet, Montessori, Steiner, Freire, Oury... et bien d'autres).

Bien qu'elles soient qualifiées de « nouvelles », ces pédagogies ont vu le jour il y a près d'un siècle : le premier congrès international d'éducation nouvelle s'est tenu en 1921. Toutes ont en commun la mise en œuvre de méthodes actives à partir des intérêts et des questionnements de l'élève, une approche globale des savoirs, le respect des rythmes de chacun, le développement de l'autonomie et la responsabilisation. Les enseignants se considèrent à la fois comme des enseignants et comme des éducateurs : ils veulent transmettre des savoirs académiques mais aussi favoriser l'épanouissement de toutes les facettes de la personne, la créativité, les capacités d'expression, la confiance et l'estime de soi.

Depuis vingt-cinq ans, je me suis rendue dans un nombre considérable d'écoles et de classes qui mettent en œuvre ces pédagogies : des maternelles, des classes de primaire, de collège, de lycée, des écoles à pédagogie Freinet, Steiner, Montessori, à pédagogies plurielles, des écoles ouvertes, des écoles démocratiques... J'y ai réalisé des observations de longue durée, allant d'une journée à trois semaines, et j'ai mené plus d'une centaine d'entretiens avec l'ensemble des acteurs concernés (enseignants, élèves, parents...).

Ma méthodologie croise les méthodes du sociologue (entretiens avec les acteurs, observations de terrain, recherches-actions participatives...) et celles de l'historien (dépouillement d'archives, entretiens d'histoire orale...), l'articulation de ces démarches permettant de mieux comprendre le fonctionnement actuel en distinguant ce qui est conjoncturel et ce qui relève de phénomènes de plus longue durée.

J'ai particulièrement analysé le développement de ces pédagogies, à tous les niveaux d'enseignement, de la maternelle à l'université, et dans l'enseignement public et privé, ainsi que les stratégies déployées par les acteurs, en accordant un intérêt particulier aux expérimentations en cours menées à l'échelle d'un établissement et aux pratiques effectives des enseignants. Ces travaux ont donné lieu à des publications scientifiques régulières.

Avec ma collègue Marie-Anne Hugon, professeure de sciences de l'éducation à l'université de Nanterre, j'ai aussi initié en 2003 un réseau de chercheurs (recherchespedagogiesdifferentes.net) afin de dresser un état des lieux de la recherche dans ce domaine, de favoriser la confrontation des problématiques, des méthodes et des approches, et de soutenir la diffusion des travaux. Entre 2011 et 2021, nous avons organisé sept journées de recherche et nous avons publié les travaux qui y ont été discutés.

À deux reprises, je me suis investie personnellement dans la création d'un établissement différent : en 1997, dans un collège-lycée à pédagogie Freinet dans l'Éducation nationale[1], projet ambitieux qui a suscité l'investissement important de nombreux acteurs, mais dont l'ouverture a sans cesse été repoussée par le ministère de l'Éducation nationale ; puis, vingt ans plus tard, dans une recherche-action-expérimentation visant à développer un collège alternatif fondé sur un projet économique et pédagogique novateur, qui a ouvert à la rentrée 2019 à Paris.

Voilà donc un quart de siècle que je scrute l'évolution du système scolaire français, et en particulier des pratiques différentes que des novateurs tentent d'imaginer dans ses marges. Les analyses et les propositions que je présente dans les pages qui suivent sont issues de ces travaux, de ces rencontres et de ces échanges.

---

1. Viaud (Marie-Laure), « Aventures et mésaventures d'un projet : l'histoire d'un Déclic », *Recherche sociale*, n° 150, avril-juin 1999, p. 35-39.

Partie 1

Il est urgent de repenser le collège

« Une crise silencieuse frappe aujourd'hui les démocraties du monde. L'éducation se plie aux exigences du marché de l'emploi, de la rentabilité et de la performance » alors que « des capacités développées de pensée critique et de réflexion sont essentielles pour maintenir les démocraties vivantes et dynamiques », écrit Martha Nussbaum[1].

Le désastre climatique et environnemental, les atteintes au vivant, l'aggravation des injustices sociales et la montée des menaces pesant sur la démocratie sont tels qu'il est urgent de reconsidérer les constituants de notre vivre ensemble en partant de l'essentiel : l'éducation. Rien n'a pu, jusqu'à présent, infléchir la trajectoire du « toujours plus » (plus de consommation, plus de destruction des ressources de la planète, plus d'émission de gaz à effet de serre...). L'avenir de l'humanité est en jeu.

Que faire ? Il est vital de former des adolescents dotés d'un solide esprit critique, qui aient la capacité, non seulement formelle mais aussi réelle, à penser par eux-mêmes et à mettre en œuvre des projets collectifs fondés sur l'entraide et la coopération. De futurs citoyens qui maîtrisent les connaissances et compétences permettant de comprendre les enjeux mondiaux dans leur complexité. Et surtout, dans notre société menacée par la pression des individualismes, des hommes et des femmes concernés par la marche des affaires collectives, et qui seront, demain, engagés dans la vie de la cité et déterminés à agir pour que l'intérêt général l'emporte sur les intérêts particuliers. Bref, il nous faut former des citoyens actifs.

---

1. Nussbaum (Martha), *Les Émotions démocratiques. Comment former le citoyen du XXIe siècle ?*, Flammarion, Champs Essais, Climats, 2011, page de garde et p. 19.

Or l'école, le collège, le lycée, tels qu'ils fonctionnent actuellement, n'y parviennent absolument pas, en dépit du travail et de la volonté de leurs acteurs.

Un système qui ne valorise pas suffisamment l'engagement et la prise d'initiatives

Les instructions officielles insistent largement sur l'importance de la citoyenneté et du développement du sens critique. Ces apprentissages sont au programme, mais sur un plan théorique et abstrait. Au quotidien, le système scolaire amène les élèves à intérioriser un comportement passif. Michel Foucault[2] avait déjà montré que l'école sert à discipliner par le silence, la maîtrise du corps, la mise en rangs. On objectera que, depuis la parution de son livre, la discipline est moindre et beaucoup d'élèves ne craignent plus les enseignants.

Pourtant, le mode de transmission du savoir conduit toujours à intégrer une forme de docilité : à rester immobile, à faire des exercices routiniers, à suivre des consignes, à « faire ce qu'on vous dit de faire » du matin au soir. Cela habitue à une situation de passivité (écouter le cours, ne pas prendre d'initiative) plutôt qu'à la recherche active.

---

2. Foucault (Michel), *Surveiller et Punir*, Gallimard, 1975.

Bien plus: l'école conduit les élèves, pendant les quinze premières années de leur vie, à considérer comme normal de ne pas être partie prenante des décisions qui les concernent. Et une habitude ancrée pendant toutes ces années de formation a des chances d'être acquise pour la vie.

L'action collective n'est pas davantage encouragée. L'individualisme prime: le système scolaire est fondé sur la compétition, la sélection et la concurrence: notes, classements, concours... et sports de compétition. L'entraide entre élèves est assimilée à de la triche ou à du copiage. Les capacités qui permettent d'agir collectivement, telles que la confiance dans les autres, la coopération ou l'aptitude à s'organiser pour travailler efficacement en groupe sont très peu valorisées. On n'apprend pas non plus, ou si peu, à confronter des opinions divergentes et à tenir compte de celles des autres. « L'école française actuelle force à écouter mais n'apprend pas la discipline de l'écoute. Les élèves ont une écoute passive et hiérarchique; ils n'écoutent que le maître et n'apprennent pas à s'écouter les uns les autres, donc à débattre avec tolérance », écrit Michel Crozier[3].

L'école n'encourage pas non plus suffisamment l'initiative, la curiosité, l'invention de réponses nouvelles et originales, la créativité et l'esprit de recherche. Elle ne favorise pas non plus la confiance en soi, qui est pourtant tellement nécessaire pour entreprendre, se lancer, oser affronter l'inconnu. C'est particulièrement net chez les élèves en difficulté scolaire: comme ils se sentent responsables de cet échec, leur estime

3. Crozier (Michel), *La Crise de l'intelligence*, InterÉditions, 1995, p. 8-9 et p. 40-43.

d'eux-mêmes et des autres en pâtit[4]. Même chez les élèves qui réussissent, l'école n'apprend pas à prendre des risques : l'erreur, au lieu d'être considérée comme la preuve d'une recherche par un esprit curieux et avide de comprendre, est toujours assimilée à la faute ou à l'insuffisance de travail et sanctionnée.

Des adolescents coupés du monde réel

Ces critiques ne sont pas nouvelles. En 2003, j'écrivais déjà en introduction à ma thèse : « Les élèves ne donnent pas de sens à ce qui est enseigné à l'école, notamment parce que les savoirs scolaires sont parcellisés, morcelés, peu reliés les uns aux autres et à "la vie". Ils y perdent le goût d'apprendre. Le système scolaire ne valorise pas suffisamment la curiosité, l'invention de réponses nouvelles et originales, la créativité et l'esprit de recherche ; il limite l'imagination, la création[5]. »

Force est de constater que depuis le début des années 2000, la situation ne s'est pas améliorée… loin de là. Mais, entre-temps, une chose essentielle a changé : les nouvelles technologies ont révolutionné notre accès à la connaissance.

---

4. Dubet (François) et Martuccelli (Danilo), *À l'école : sociologie de l'expérience scolaire*, Le Seuil, 1996.
5. Viaud (Marie-Laure), *Les collèges et les lycées différents. Vers un bilan des expériences pédagogiques innovantes menées dans le second degré à l'échelle d'un établissement (1945-2001)*, doctorat de sciences de l'éducation, sous la direction de Jacques Pain, université Paris X-Nanterre, thèse soutenue le 31 octobre 2003.

À présent qu'une somme considérable de connaissances est accessible de partout en quelques clics, l'essentiel n'est plus d'apprendre par cœur : la moindre machine y parvient infiniment mieux que nous[6]. Le plus important aujourd'hui, c'est d'apprendre à savoir où et comment rechercher les informations, et surtout de porter un regard critique sur leur origine, d'être capable de les comparer, les synthétiser, les retransmettre, en résumé : d'en faire bon usage.

Pourtant, le système scolaire est toujours fondé sur la transmission orale et sur la copie du cours dans un cahier. Les examens terminaux (brevet, baccalauréat) sont toujours largement basés sur la mémorisation plutôt que sur la capacité à réfléchir par soi-même.

Dans ces conditions, rester assis à une table, silencieusement, six heures par jour, à recevoir passivement un savoir dont le contenu vous est imposé et vous passionne rarement est devenu très pénible pour beaucoup d'adolescents. Un nombre croissant de collégiens n'en ont plus envie, ne sont plus motivés, ne jouent plus le jeu : « L'élément le plus important est ce que j'appelle, en reprenant l'expression de Habermas, "la crise des motivations". Bien des élèves vont à l'école en se demandant pourquoi. [...] D'une certaine façon, la situation scolaire se vide de l'intérieur et bien des élèves continuent à aller à la "messe scolaire" sans y croire un instant. Quand vous entrez dans la subjectivité des élèves, vous vous rendez compte combien l'école perd son sens », soutient François Dubet[7].

6. Taddei (François), *Apprendre au XXIe siècle*, Calmann-Lévy, 2018.
7. Dubet (François), « Sortir de l'idée de crise. Entretien avec Florence Giust-Desprairies », *Nouvelle Revue de psychosociologie*, n° 9, 2010/1.

Une partie d'entre eux réagit en multipliant les « incidents » perturbateurs. Selon deux enquêtes récentes, la moitié des collégiens affirment que les enseignants ont du mal à faire cours à cause des problèmes de discipline (AFEV, 2017[8]), et plus d'un élève français sur deux déclare qu'il y a du bruit et du chahut dans la plupart ou la totalité des cours (Pisa, 2018[9]). Il y a dans la majorité des classes de collège « des élèves dont le rapport à l'école est marqué par un sentiment d'échec, d'absurdité, ou tout simplement d'étrangeté. [...] Le fait qu'un très petit nombre d'élèves, parfois un seul, puisse fragiliser, voire détruire l'équilibre collectif de la classe est devenu une expérience courante », écrit Anne Barrère[10].

Autre évolution majeure dans les vingt-cinq dernières années : les enfants et les adolescents passent de moins en moins de temps à l'extérieur, et ils ont de moins en moins d'activités non encadrées et non structurées[11].

Dans la génération précédente, les jeunes étaient, certes, enfermés toute la journée dans des salles de classe, mais à 16 h 30, le mercredi et pendant les vacances, les temps de loisirs étaient, en partie au moins, consacrés à des activités libres à l'extérieur. Aujourd'hui, 95 % des écoliers et collégiens rentrent

---

8. Observatoire de la jeunesse solidaire, enquête AFEV (Association de la fondation étudiante pour la ville), 2017. En ligne : https://drive.google.com/file/d/0B6QNZT6GReI7VUViOTBWNmJDTmM/view?resourcekey=0-MmI6FYCDbC2jcBg-KOXKFw, site consulté le 14 juillet 2021.
9. À comparer avec un élève sur trois en moyenne dans les pays de l'OCDE.
10. Barrère (Anne), « Un nouvel âge du désordre scolaire : les enseignants face aux incidents », *Déviance et Société*, 2002/1, vol. 26, p. 3-19.
11. Karsten (Lia), « It All Used to Be Better ? Different Generations on Continuity and Change in Urban Children's Daily Use of Space », *Children's Geographies*, Vol. 3, N°. 3, 275–290, décembre 2005.

directement de l'école à leur domicile[12]. Et même les quelques minutes de trajet de l'école à la maison ne constituent plus un temps de liberté: plus de 80 % des écoliers et 30 % des collégiens sont désormais accompagnés par leurs parents, à l'aller comme au retour. Sans compter ceux, de plus en plus nombreux, qui sont munis d'une puce électronique permettant de géolocaliser en temps réel leurs déplacements... Selon deux études[13], dans les années 1920, un enfant de 8 ans pouvait se déplacer seul dans un rayon de 10 kilomètres; en 1950, il n'en parcourait plus que deux; en 1979, un seul. Aujourd'hui, ils ne sortent quasiment plus seuls.

Les causes de cette limitation du champ d'exploration des enfants sont multiples: le développement des nouvelles technologies, l'urbanisation et la difficulté d'accès aux espaces verts, le fait que l'espace public soit de plus en plus perçu comme dangereux. Depuis mars 2020, la crise sanitaire a, elle aussi, contribué à la perception d'un « monde extérieur » anxiogène, opposé à un « intérieur » bienfaisant et rassurant – sans virus et sans masque.

Les conséquences sont de mieux en mieux connues: le « trouble du déficit de nature » engendre du stress, des troubles du comportement, comme l'hyperactivité, et accroît le risque d'obésité. Bien plus: éloignés du monde et enfermés face à leurs écrans, les jeunes sont coupés de la vie, des adultes, du monde réel, comme ils ne l'ont jamais été dans toute l'histoire de l'humanité. Naviguant dans un monde déréalisé, entre les enseignements abstraits du collège et

---

12. Sautory (Olivia), Drees, Biausque (Vincent) et Vidalenc (Joëlle), « Le temps périscolaire et les contraintes périscolaires des parents », *Insee Première*, n° 1370, septembre 2011.
13. Travaux de William Bird et Pascale Legué cités par Schepman (Thibaut), dans « Comment on a interdit aux enfants de marcher », *Terraeco*, 25 septembre 2014.

le monde abstrait des écrans, ils ne savent pas faire grand-chose de leurs dix doigts : ni soigner une blessure, ni scier une planche, ni réparer une fuite, ni reconnaître des plantes comestibles. De même que l'on cultive aujourd'hui des légumes « hors sol » sans goût ni saveur, nous élevons des adolescents « hors monde », loin du terreau de la vie, sans racines et sans ancrage.

Les adolescents ne sont pas pour autant en rupture avec le réel : ils recherchent hors de l'école les ressources dont ils ont besoin pour comprendre le monde[14], inventant des formes d'acculturation périphérique, *via* leur sociabilité et les réseaux sociaux notamment. Les mobilisations pour le climat d'une partie de la jeunesse ont montré l'énergie qui pouvait y naître. Mais l'enseignement officiel reste en dehors de ce « savoir sauvage », alors qu'il devrait s'y articuler.

Quelle compréhension des enjeux du monde contemporain ?

En sciences, la France se situe très nettement sous la moyenne internationale des pays de l'UE et de l'OCDE, et n'amène que 3 % de ses élèves au niveau

14. Barrère (Anne), *L'Éducation buissonnière. Quand les ados se forgent par eux-mêmes*, Armand Colin, 2011.

avancé (contre 10% en moyenne dans les pays développés)[15]. Or les enjeux du réchauffement climatique, de la disparition des espèces et de la destruction de l'environnement sont de nature scientifique. Le niveau actuel des jeunes Français en sciences ne leur permettra pas de comprendre correctement ces enjeux. Les hommes et femmes politiques, qui, pour la plupart, n'ont pas de formation scientifique, ne les comprennent donc pas non plus.

Les jeunes français ont aussi des difficultés à maîtriser les langues étrangères. En fin de collège, les trois quarts d'entre eux n'arrivent pas à se faire comprendre correctement en anglais[16]. À l'heure où les problèmes du monde sont globaux, cela les enferme dans un univers étroit[17].

Leur déficit de connaissances dans le domaine de l'économie et des relations sociales ne leur permet pas non plus de maîtriser les tenants et les aboutissants sur des questions telles que les inégalités de richesse ou le sous-développement, la fiscalité, la sécurité sociale, le budget de l'État[18].

On pourrait compléter cette liste, en évoquant, par exemple, les difficultés d'un certain nombre d'élèves en lecture ou l'indigence de l'éducation artistique, voire, au-delà, de tout ce qui contribue à développer sensibilité et créativité.

---

15. Bret (Anaïs) et Roussel (Léa), *Sciences au niveau de la classe de quatrième : les résultats de la France en retrait à l'échelle internationale*, note d'information de la DEPP n° 20-48, décembre 2020.
16. Cnesco, Langues vivantes étrangères : comment l'école peut-elle mieux accompagner les élèves ? Dossier de synthèse, 2019. En ligne : https://www.cnesco.fr/fr/langues-vivantes.
17. APED (Appel pour une école démocratique), mémorandum « Ambition et équité pour l'éducation », 18 février 2020. En ligne : https://www.skolo.org/2020/02/18/memorandum-ambition-et-equite-pour-leducation.
18. *Ibid.*

Ces lacunes dans la formation ne sont en rien liées au travail des enseignants. Bien au contraire : l'investissement personnel important de la majorité des enseignants ne change rien à cette situation, ce qui engendre un malaise manifeste dans la profession.

C'est la forme scolaire[19] elle-même qui induit cet état de fait. La segmentation des savoirs dans un monde où les questions de société sont pluridisciplinaires rend inintelligibles les grands enjeux de société, affirme Edgar Morin[20]. Bruno Mattéi parle de « l'entreprise de découragement à apprendre » que constitue, pour beaucoup plus d'élèves qu'on ne pense, l'école[21]. Jean-Pierre Astolfi a montré que les « savoirs scolaires sont pauvres et affaiblissent la motivation »[22], et que les élèves consacrent une part importante du temps scolaire à s'efforcer de décoder ce que l'enseignant attend d'eux[23].

Le choix de ce que l'on apprend (et de ce que l'on n'apprend pas) est aussi un choix politique. Ainsi, explique Paul Le Bohec, « Vers la fin du XIXe, la bourgeoisie s'est aperçue qu'elle aurait intérêt à ce que les ouvriers sachent lire, écrire et compter. Et elle a rendu l'école obligatoire. Et à la classe ouvrière, qui aurait pu en profiter pour se cultiver, elle a dit : "D'accord ! Mais j'exige moins de cinq fautes en orthographe aux examens. Sinon c'est l'élimination." Elle savait ce qu'elle faisait. On sait que l'orthographe française est difficile à maîtriser. [...] Le temps consacré à

19. Vincent (Guy), *L'Éducation prisonnière de la forme scolaire ? Scolarisation et socialisation dans les sociétés industrielles*, Presses universitaires de Lyon, 1994.
20. Morin (Edgar), *Les Sept Savoirs nécessaires à l'éducation du futur*, Le Seuil, 1999.
21. Mattéi (Bruno), « Humaniser l'éducation », *Revue de psychologie de la motivation*, n° 29, 2000.
22. Astolfi (Jean-Pierre), *L'École pour apprendre*, ESF, 1992.
23. *Ibid.*

l'orthographe empêche d'investir d'autres domaines du savoir[24]. »

Le fonctionnement de la démocratie implique que les citoyens disposent des connaissances permettant de comprendre le monde dans toutes ses dimensions. Or l'école, aujourd'hui, n'apporte pas suffisamment les connaissances essentielles et nécessaires à la compréhension des enjeux du monde contemporain.

Le collège : une situation qui se dégrade

Ces difficultés affectent l'ensemble du système éducatif, mais c'est au collège qu'elles sont les plus vives.

Depuis l'institutionnalisation de ce niveau d'enseignement en 1963 (lorsque la réforme Fouchet crée un cycle d'observation et d'orientation de quatre ans et l'implante dans des établissements distincts), le collège a très peu changé. Certes, quelques heures d'« accompagnement personnalisé » ont été ajoutées, les établissements disposent de davantage d'autonomie, et le complément d'objet direct doit désormais être appelé le prédicat[25]. Mais, à ceci près, l'architecture et la logique du système sont restées immuables depuis les années 1960.

Ce n'est pas faute d'une « constance dans l'appel au changement pédagogique » : du colloque d'Amiens

24. Le Bohec (Paul), texte sur la liste de diffusion « Innovation », 2000.
25. En primaire et jusqu'à la fin de la 6e ! Et en 5e, le COD peut de nouveau être appelé COD...

(1968) à la réforme de 2015, « un discours récurrent sur l'enseignement secondaire consiste à dénoncer le cloisonnement des disciplines, l'intellectualisme des savoirs, l'ennui et la passivité des élèves, et à promouvoir dans le même temps l'interdisciplinarité, le travail en équipe, l'activité personnelle et le parcours individualisé des élèves »[26]. Des dispositifs encourageant l'interdisciplinarité se sont succédé, mais sont toujours restés en marge de la culture scolaire. On peut citer la création des « 10 % » dans les années 1970, des « projets d'action éducative » (1981), les « thèmes transversaux » (1985), les « parcours diversifiés » (1997), les « itinéraires de découverte » (2001)...

Dernière tentative en date : en 2015, Najat Vallaud-Belkacem a tenté de supprimer les filières sélectives (classes bi-langues, classes avec option latin), de renforcer l'autonomie des établissements dans 20 % des cours, d'accorder une plus grande marge de manœuvre aux équipes de terrain, de développer l'accompagnement personnalisé des élèves. Et surtout, cette réforme visait le renouvellement des pratiques pédagogiques : l'introduction de trois heures par semaine d'enseignements pratiques interdisciplinaires (EPI) dans lesquels les élèves apprendraient à coopérer pour mener ensemble un projet. Mais, imposée sur un mode hiérarchique et vertical, elle a suscité un rejet. Moins de deux ans plus tard, en mai 2017, Jean-Michel Blanquer a publié un décret qui rétablissait les filières sélectives, renforçait les langues anciennes et rendait facultatifs les enseignements pratiques interdisciplinaires.

26. Baluteau (François), « Ce que les dispositifs interdisciplinaires introduisent dans les collèges », *Carrefours de l'éducation*, vol. 19, n° 1, 2005, p. 77-92.

Premier signe du malaise actuel du collège: 71 % des élèves affirment qu'ils s'y ennuient[27]. Plus d'un quart d'entre eux disent s'ennuyer « tout le temps ». Qui s'ennuie? Les plus rapides, qui trouvent le rythme désespérément lent. Ceux qui auraient besoin de plus de temps pour assimiler et qui sont perdus. Ceux qui ont besoin de bouger pour apprendre... La forme scolaire classique (un enseignant, une classe, des heures de cours, des élèves du même âge et du même niveau qui font tous la même chose en même temps) laisse de côté ceux qui ne suivent pas le rythme collectif. Ainsi, l'apprentissage de la lecture est prévu durant l'année des 6 ans. Tant pis pour ceux qui, à 4 ans, sont déjà motivés: ils devront patienter. Et ceux qui ne seront prêts qu'à 7 ans seront décrétés en échec scolaire. Et ce jugement les poursuivra tout au long de leur scolarité: les recherches montrent qu'une fois qu'un enfant a été étiqueté, il se conforme à la représentation que l'on a de lui[28].

En stigmatisant ceux qui ne suivent pas le même rythme que les autres, plutôt que de favoriser la promotion collective, l'école amène aussi les élèves à intégrer l'idée que l'exclusion serait la norme, qu'elle serait « dans l'ordre des choses ». Cela conduit à intérioriser un modèle de société.

Autre signe de malaise: plus d'un tiers des adolescents sont en souffrance psychologique[29] – une proportion qui augmente depuis plusieurs années. Le

---

27. Longhi (Gilbert), « L'ennui en classe », L'expresso du Café pédagogique, 17 février 2014. En ligne : http://www.cafepedagogique.net/lexpresso/Pages/2014/02/17022014Article635282178938032705.aspx.
28. Rosenthal (Robert) et Jacobson (Lenore), *Pygmalion à l'école*, 1968, trad. fr. 1971, rééd. Casterman, 1994.
29. Enquête de l'Unicef, 2014, citée par Chéreau (Mathieu) et Fauchier-Delavigne (Moïna), dans *L'Enfant dans la nature*, Fayard, 2019, p. 31.

nombre d'actes de harcèlement est en hausse. 20 % des élèves français déclarent en être victimes plusieurs fois par mois, et 8 % de façon régulière[30]. 31 % d'entre eux disent se sentir « « comme un étranger à l'école » (moyenne OCDE : 20 %)[31]. Au sein du groupe des pairs, tout signe de singularité peut entraîner une mise à l'écart, un rejet et un isolement. « L'univers des sociabilités juvéniles est un univers extrêmement normatif, édictant des jugements permanents sur le style, les pratiques et les comportements des autres », affirme Anne Barrère[32]. Et les enseignants, même s'ils souhaitent que cela leur soit possible, sont trop contraints par les programmes et le découpage disciplinaire pour trouver le temps et le lieu pour apprendre aux jeunes ce qui est pourtant essentiel : savoir faire preuve d'empathie et de bienveillance, savoir identifier et rejeter toute forme d'intimidation ou d'emprise, réfléchir sur la pression de la conformité aux normes du groupe.

Au final, les adolescents d'aujourd'hui se comportent sans cesse (et sont sans cesse conduits à se comporter) en consommateurs : consommateurs d'un savoir livré « clé en main » en classe, consommateurs tout aussi passifs et individualistes de loisirs également « clé en main » pendant les temps libres. Rien, ou si peu, ne les prépare au monde de demain et à s'y engager activement.

---

30. OCDE, résultats du PISA 2018. Note par pays : France. En ligne : https://www.oecd.org/pisa/publications/PISA2018_CN_FRA_FRE.pdf.
31. *Ibid.*
32. Barrère (Anne), *École et adolescence. Une approche sociologique*, De Boeck, 2013.

Partie 2

Des pédagogies différentes qui ont apporté la preuve de leur efficacité

Depuis plus d'un siècle, des classes et des écoles inspirées de Freinet, Montessori, Decroly, Reggio et bien d'autres mettent en œuvre des méthodes actives. On dispose d'une littérature scientifique pertinente qui montre que les élèves y acquièrent des connaissances aussi importantes, voire bien supérieures, que dans le système dit classique, tout en favorisant bien davantage le bien-être, l'autonomie et la responsabilisation des enfants.

Des résultats convergents

Depuis dix ans, plusieurs études ambitieuses se sont donné pour but d'évaluer les acquis des élèves de ces écoles[1]. En mars 2012, ma collègue Marie-Anne Hugon et moi avons organisé à l'université de Nanterre une journée de recherche sur « l'évaluation et la mesure des résultats des écoles différentes[2] ». Une vingtaine de chercheurs y ont présenté leurs travaux[3]. Les conclusions de ces études, et de bien d'autres menées en France et ailleurs dans le monde, sont convergentes : de la maternelle au lycée, ces pédagogies parviennent à susciter le plaisir d'apprendre et la motivation ; la violence et les incivilités y sont bien moindres que dans les écoles

1. Hugon (Marie-Anne) et Viaud (Marie-Laure) (dir.), *Les Établissements scolaires différents et la recherche en éducation*, Artois Presses Université, 2015.
2. Recherches pédagogies différentes, « Les établissements scolaires différents, histoire et fonctionnement actuels : La question de l'évaluation », programme de la journée du 21 mars 2012. En ligne : https://www.recherchespedagogiesdifferentes.net/programme-2012.html.
3. Publiés dans un ouvrage collectif : Hugon (Marie-Anne) et Viaud (Marie-Laure) (dir.), *Les Établissements scolaires différents et la recherche en éducation*, Artois Presses Université, 2015.

standards, alors que, sur le plan des performances académiques, leurs acquis sont souvent meilleurs.

Par exemple, une école publique à pédagogie Freinet de la banlieue de Lille, en milieu populaire, a été suivie pendant cinq ans par une équipe de chercheurs de l'université Lille III, comprenant des sociologues, des psychologues et des didacticiens du français, des mathématiques et des sciences. Ils ont évalué systématiquement les apprentissages d'une cohorte d'enfants pendant toute leur scolarité, du CP au CM2, pour mesurer la progression de leurs acquisitions. Ces données ont été comparées avec celles des élèves de même niveau de trois écoles voisines, de milieux sociaux équivalents. Au bout de cinq années, les résultats des élèves du CM2 Freinet étaient meilleurs en français et équivalents en mathématiques et en sciences : « Leurs écrits sont bien plus longs (le double lors de la quatrième année de l'expérience). Leurs performances sont meilleures en matière de langue [...]. Ils développent et diversifient plus les éléments qui ont trait à l'imaginaire » et ils respectent mieux la consigne, écrivent les chercheurs. En matière d'orthographe, « la supériorité est quasi constante du CP au CM2[4] ». Tous les autres indicateurs, mesurant notamment la violence, le climat de l'école ou l'évitement scolaire, étaient également favorables à l'école Freinet.

Les équipes qui ont suivi des cohortes d'élèves issus d'écoles différentes pour étudier leur intégration dans le système traditionnel ont montré qu'au terme d'un trimestre de transition, leur adaptation est aussi bonne,

4. Reuter (Yves), *Une école Freinet. Fonctionnements et effets d'une pédagogie alternative en milieu populaire*, L'Harmattan, 2007.

voire meilleure, que celle de leurs camarades issus du système standard. Par exemple, Rebecca Shankland[5] a suivi, pendant deux ans, 277 anciens élèves de lycées alternatifs pour étudier leur intégration dans l'enseignement supérieur. Il en ressort que leurs résultats aux examens sont supérieurs et que leur niveau de bien-être est plus élevé (moindre niveau d'anxiété et de dépression, et meilleur niveau de satisfaction par rapport à la vie d'étudiant). 70% ont réellement choisi leur orientation, contre 40% des étudiants «ordinaires»; et ils sont plus nombreux à s'engager dans les études avec l'idée d'un métier bien défini: c'est le cas de 39% des élèves des écoles nouvelles et Montessori, de 18% de ceux issus des écoles Steiner, mais seulement de 10% de ceux issus de l'enseignement dit «traditionnel»[6]. Ces résultats sont attribués par la chercheuse au fait que leur confiance en eux est importante et que les élèves sont habitués à organiser eux-mêmes leur travail, à le réaliser en autonomie et à s'autoévaluer.

Suivant les élèves d'une école primaire Freinet allant au collège classique, Olivier Brito a quant à lui constaté qu'ils obtiennent, sur l'ensemble de la scolarité, des moyennes générales plus élevées que celles des élèves issus des classes pratiquant une pédagogie traditionnelle, mais aussi de «meilleurs scores pour ce qui est de l'estime de soi scolaire», qu'ils font «preuve d'une plus grande efficacité dans leurs relations avec les adultes» et «savent significativement mieux faire face à la violence entre pairs»[7].

5. Shankland (Rebecca), *Pédagogies nouvelles et compétences psychosociales*, L'Harmattan, Paris, 2009.
6. *Ibid.*
7. Brito (Olivier), «Le devenir des anciens élèves de l'école publique des Bourseaux», rapport de recherche-action conduite par Olivier Brito, sous la direction de Jacques Pain, université Paris-Ouest Nanterre La Défense, décembre 2009.

Ce ne sont là que quelques exemples. Des études[8] ont aussi mis l'accent sur l'aisance orale des élèves issus des écoles différentes, sur leur créativité, leur intérêt pour les questions sociales, leur capacité à travailler en équipe, leur sens des responsabilités, et sur l'importance qu'ils accordent à l'entraide et à la coopération.

Un développement international

Dans la plupart des pays du monde, ces pédagogies se développent[9], même si elles restent partout minoritaires et en rupture avec les valeurs scolaires dominantes.

Pour ne prendre que quelques exemples : en Belgique, depuis 2014, 83 écoles primaires et 6 écoles secondaires à pédagogie Freinet ont vu le jour. En Corée du Sud, plus de 300 écoles alternatives ont ouvert depuis 1997, pour remédier, notamment, au mal-être des adolescents[10]. La situation est assez

8. Par exemple :
– Bergeron (Pierric), *Anciens-nes élèves du lycée pilote innovant de Jaunay-Clan, trajectoires et constructions identitaires*, thèse de sciences de l'éducation, université de Paris-Nanterre, 2013.
– Pawlotsky (Isabelle), *Le devenir des anciens élèves de l'école La Source*, thèse de sciences de l'éducation, université de Paris-Nanterre, 2015.
– Peyronie (Henri), « Quelles traces de leur scolarité chez d'anciens élèves de classes Freinet ? », dans Peyronie (Henri) (dir.), *Freinet 70 ans après. Une pédagogie du travail et de la dédicace ?*, Presses universitaires de Caen, 1998.
9. Hugon (Marie-Anne) et Viaud (Marie-Laure) (dir.), « Les écoles et pédagogies "différentes" : approches internationales », *Revue française d'éducation comparée*, n° 15, 2017.
10. John (Eva), « La Corée du Sud fait classe à part », *Libération*, 24 avril 2015.

proche au Japon, où, en 2000, une association est née pour regrouper les 240 écoles alternatives du pays. Des articles rapportent qu'elles se multiplient en Allemagne, dans le public (notamment dans les Länder dirigés par la gauche ou les écologistes) comme dans le privé[11], au Québec[12] (une vingtaine de projets d'écoles alternatives publiques y seraient en gestation), en Chine[13], en République tchèque[14] et dans bien d'autres pays. Partout, les films relatant ces expériences connaissent une audience importante : ainsi, *La Educación prohibida* (2012), un documentaire qui présente 45 expériences éducatives différentes en Amérique latine et en Espagne, a dépassé les 12 millions de vues[15].

Cette progression tient à la conjonction de plusieurs facteurs[16].

Premièrement, on constate, sur tous les continents, une défiance croissante à l'égard de l'école[17] et la revendication d'un suivi plus personnalisé[18], qui

11. Par exemple :
– Berlioz (Deborah), « Le miracle allemand à quel prix ? », *Vous/nous/ils*, 7 septembre 2011.
– « Les Allemands sourient à l'école privée », *Le Temps*, 10 septembre 2012.
– Madelin (Thibaut), « Comment l'Allemagne a révolutionné son école », *Les Échos*, 3 décembre 2013.
12. Dubreuil (Émilie), « Les écoles alternatives de plus en plus populaires », *Radio Canada*, 2 juin 2014.
13. Francomme (Olivier), « Les pédagogies alternatives à l'international : l'exemple de la pédagogie Freinet en Chine, dans Darbellay (Frédéric), Moody (Zoé) et Maude (Louviot) (dir.), *L'École autrement ? Les pédagogies alternatives en débat*, Éditions Alphil, 2021.
14. Rýdl (Karel) et Tomková (Anna), « Alternatives dans les processus d'éducation en République tchèque : histoire et situation actuelle », *Revue française d'éducation comparée*, p. 15, 2017.
15. Restrepo (Rodrigo) « La educación prohibida : un webdoc qui fait fureur », *Courrier international*, 14 janvier 2013. Pour le nombre de vues : http://educacionprohibida.com, site consulté le 12 octobre 2020.
16. Viaud (Marie-Laure), « Le développement international des écoles "différentes" : état des lieux et perspectives », *Revue française d'éducation comparée*, n° 15, 2017.
17. Dubet (François) et Duru-Bellat (Marie), *L'école peut-elle encore sauver la démocratie ?*, Le Seuil, 2020.
18. Pons (Xavier) et Robine (Florence), « Introduction au dossier : les attentes éducatives des familles », *Revue internationale d'éducation de Sèvres*, n° 62, 2013, p. 31-38.

conduisent de plus en plus de familles à rechercher un établissement scolaire jugé « meilleur » que le tout-venant.

Deuxièmement, les pédagogies différentes, qui étaient encore relativement méconnues au début des années 2000, ont bénéficié de l'essor des nouvelles technologies, qui leur ont permis de se faire connaître auprès d'un public plus large. Selon une enquête française, la moitié des parents ayant scolarisé leur enfant dans une école alternative auraient connu cet établissement grâce à Internet[19]. En particulier, des vidéos, devenues plus faciles techniquement, ont permis de diffuser sous une forme plus accessible à la fois un discours critique vis-à-vis du système scolaire (comme le montre, par exemple, le documentaire *Alphabet*[20]) et une meilleure connaissance des alternatives (comme en témoigne, parmi d'autres, le succès du film *Être et devenir*[21] »).

Troisièmement, les enseignants comme les familles sont de plus en plus à la recherche de pratiques qui favorisent le plaisir d'apprendre, l'épanouissement, le respect du rythme et de la personnalité de chacun. La sociologue Agnès Van Zanten a interrogé 160 familles des classes moyennes sur les raisons les ayant conduites à choisir tel ou tel établissement. Conclusion : les visées expressives, telles que « le bien-être, le bonheur et le développement global de leur enfant », sont essentielles pour les familles. Élisabeth Nonnon, en analysant les discours sur la pédagogie Montessori

19. Legavre (Amélia) et Proboeuf (Pauline), « Le rôle des réseaux sociaux en ligne dans les choix scolaires alternatifs », *Lien social et Politiques*, 2020.
20. En ligne : http://www.alphabet-derfilm.at.
21. En ligne : http://www.etreetdevenir.com/EED.fr.html#Accueil.

adressés aux parents, a montré que « le registre de légitimation dominant est celui du bonheur de l'enfant[22] ». Dans les pays industrialisés, l'essor, depuis une dizaine d'années, d'un mouvement en faveur d'une éducation plus respectueuse des besoins des enfants (« parentalité bienveillante », « pédagogie positive[23] ») conduit aussi certains parents à rechercher une école permettant la meilleure continuité possible avec ces choix, s'ils estiment ne pas trouver une réponse dans une école dite « classique ».

Quatrièmement, certaines des familles qui se dirigent vers les pédagogies alternatives, surtout dans les pays anglo-saxons, visent aussi le développement de compétences jugées nécessaires dans le monde professionnel de demain et auxquelles l'école standard n'accorde que peu d'attention. Les expressions *soft skills* (compétences douces, par opposition aux *hard skills*, les compétences techniques) ou « compétences du 21e siècle » sont souvent utilisées pour les englober : la créativité, l'adaptabilité, l'intelligence émotionnelle, la capacité à travailler en équipe, à prendre des décisions, etc.

Un article de 2013 du *Wall Street Journal* intitulé « The Montessori Mafia[24] », et repris par de très nombreux sites ensuite, a médiatisé une étude qui a fait sensation. Selon celle-ci, un nombre important des personnes ayant lancé des entreprises novatrices ou inventé de nouveaux produits établissent un lien de

22. Nonnon (Élisabeth), « Les discours sur la pédagogie Montessori et leur circulation dans l'espace public », *Repères*, 63 | 2021, p. 43-65.
23. Guegen (Catherine), *Pour une enfance heureuse. Repenser l'éducation à la lumière des dernières découvertes sur le cerveau*, Laffont, 2014. Martin (Claude), *« Être un bon parent » : une injonction contemporaine*, Presses de l'EHESP, *Lien social et Politiques*, 2014.
24. Sims (Peter), *« The Montessori Mafia »*, *The Wall Street Journal*, 5 avril 2011.

conséquence entre leur capacité à suivre leur curiosité, à prendre des initiatives et à entreprendre, et leur scolarité dans une école Montessori. Parmi ces personnes se trouvent les fondateurs de Google, d'Amazon ou de Wikipédia. Pour une minorité de citoyens soucieux d'éthique, ces entrepreneurs ne constituent pas un modèle à suivre, mais pour les parents soucieux d'armer leur enfant pour la réussite en leur inculquant les valeurs du monde de l'entreprise, c'est, au contraire, un argument positif qui contribue au succès de ces pédagogies.

Un « boom » ou un « frémissement » ?

En France, on ne compte plus, depuis quelques années, le nombre de magazines ayant fait leurs gros titres sur « le boom des pédagogies alternatives », leur « essor » ou leur « insolent succès ». La réalité est plutôt de l'ordre d'un léger frémissement.

Au sein de l'enseignement public, le nombre d'établissements inspirés des pédagogies nouvelles est assez stable depuis plus de cinquante ans, comme nous l'avons montré dans une étude longitudinale[25]. En 1983, il existait 9 collèges et lycées alternatifs dans l'Éducation nationale. En 1998, on en comptait 10.

---

25. Viaud (Marie-Laure), « L'Éducation nouvelle au XXIe siècle : une utopie toujours vivante ? », dans Guichet (Jean-Luc) et Maillard (Alain) (dir.), *Utopies éducatives*, Artois Presses Université, 2018.

Depuis, quelques-uns ont été contraints de fermer, et quelques autres ont réussi, après des années de mobilisation, à obtenir leur ouverture. En 2021, il en existait... toujours 9[26]. L'expansion des écoles primaires dans lesquelles des enseignants du mouvement Freinet occupent tous les postes n'est guère plus importante: il existait 20 écoles de ce type en 2001[27]... et 22 en 2021[28]. Seules les structures alternatives pour décrocheurs de plus de 16 ans se sont développées[29] depuis les années 2000, car elles favorisent le retour dans un parcours de formation des élèves en « refus d'école », dans un contexte où 120000 jeunes sortent chaque année du système scolaire sans diplôme ni qualification[30]. On peut ajouter à cette courte liste une douzaine d'écoles « historiques » (comme Decroly et Vitruve) ou les écoles à « aires ouvertes » (Saint-Merri Renard à Paris, Jacques-Prévert à Villeneuve-d'Ascq...). Au total, on dénombre une soixantaine d'écoles, collèges et lycées dits « expérimentaux » dans l'enseignement public – autant dire une goutte d'eau.

À ces établissements, il faut ajouter les enseignants isolés (ou qui ont pu se regrouper à deux ou trois) dans les écoles « ordinaires ». Leur nombre, ainsi que le développement de ces pratiques, est difficile à

26. Lycée expérimental de Saint-Nazaire, lycée expérimental polyvalent maritime d'Oléron, lycée autogéré de Paris, collège-lycée expérimental d'Hérouville-Saint-Clair, collège Decroly à Saint-Mandé, lycée pilote innovant (LPI) de Poitiers, lycée innovant du Bourget, collège Clisthène à Bordeaux et collège-lycée expérimental Freinet (CLEF) de La Ciotat.
27. Auffrand (Roger), *Guide-Annuaire des écoles différentes*, Agence Information Enfance, édition 2000-2001, p. 70.
28. Descottes (Pierrick), liste des équipes Freinet (comprenant 22 écoles complètes, 1 collège-lycée et 3 équipes partielles), document interne, disponible sur le site de l'ICEM : http://www.icem-pedagogie-freinet.org/node/19035.
29. Hugon (Marie-Anne), Goémé (Philippe), Taburet (Philippe), *Le Décrochage scolaire, des pistes pédagogiques pour agir*, Scérén (CNDP/CRDP), Paris, 2012.
30. Goémé (Philippe), « Le développement de structures de retour à l'école », *SpécifiCITéS*, n° 10, 2017/1.

connaître. Une chose est certaine : à l'école maternelle et élémentaire, les mentalités commencent à se transformer. De plus en plus de jeunes enseignants sont à la recherche de techniques susceptibles de favoriser la différenciation et l'autonomie des élèves, et d'insuffler de la motivation. Lors d'une enquête que j'ai menée en 2017 auprès des professeurs des écoles débutants de l'enseignement public[31], 81 d'entre eux, sur 91, disaient vouloir mettre en place des pratiques inspirées de l'Éducation nouvelle s'ils étaient nommés en maternelle pour leur premier poste, et 68 sur 91 s'ils étaient nommés en primaire. Chaque année, une nouvelle méthode a le vent en poupe : les classes flexibles, la méthode heuristique de mathématiques, les tiroirs d'autonomie, la ludification, les classes inversées ou flexibles, ou la pédagogie de la nature[32]. Certains des jeunes enseignants s'autorisent désormais à imaginer qu'il est possible de faire autrement – permettre de temps à autre à leurs élèves de ne pas rester rivés à leurs tables ou de choisir librement leur travail parmi un ensemble d'activités, etc. –, ce qui constitue une évolution notable.

Si les mentalités commencent à se transformer, combien sont-ils en revanche à mettre effectivement en œuvre ces pédagogies ? On peut prendre l'exemple du développement des pratiques Montessori. Jusqu'à récemment, les spécificités de cette pédagogie ainsi que le coût élevé du matériel et de la formation requise assurée par les organismes agréés semblaient des obstacles majeurs à leur mise en œuvre dans l'Éducation

---

31. Viaud (Marie-Laure), *La Représentation des pédagogies nouvelles chez les professeurs des écoles débutants*, enquête en cours.
32. Fauchier-Delavigne (Moïna), *L'Enfant dans la nature*, Fayard, 2019.

nationale. À partir de 2010[33], quelques enseignants de maternelle ont proposé à leurs élèves un temps durant lequel ils pouvaient choisir librement parmi un ensemble d'activités fondées sur la manipulation et l'expérimentation, inspirées du matériel Montessori mais fabriquées avec un matériel de récupération et présentées dans un meuble à tiroirs – d'où leur nom de « tiroirs d'autonomie Montessori ». La médiatisation de Céline Alvarez, une enseignante qui a ouvert en 2014 une classe Montessori dans une maternelle de banlieue parisienne[34], a fait connaître ces choix : ainsi, le site monté par cette jeune femme, sur lequel elle décrit pas à pas la démarche à suivre pour avancer dans la même voie qu'elle, a été visité par plusieurs millions de visiteurs[35].

Une enquête par questionnaire a montré que dans 14 % des écoles maternelles du Nord, au moins un enseignant se disait influencé, dans sa classe, par la pédagogie Montessori[36] et que cette influence se manifestait majoritairement par la mise en place d'un temps dédié au travail autonome des enfants avec les « tiroirs Montessori », d'une durée de 30 minutes à une heure chaque jour. C'est à la fois très peu – un petit nombre de classes et une innovation limitée – et beaucoup, parce que dans le contexte de l'école maternelle française, où le jeu libre ne cesse de diminuer, où l'on insiste chaque année davantage sur la nécessité pour

---

33. Huard (Chrystel), « L'entrée en pédagogie Montessori d'enseignant·e·s d'écoles maternelles françaises depuis 2010, raisons et modalités », *SpécifiCITéS*, n° 12, 2019/1.
34. Alvarez (Céline), *Les Lois naturelles de l'enfant*, Les Arènes, 2016.
35. https://www.celinealvarez.org/ Le site a reçu 600 000 visites en 2015 et 1 600 000 en mai 2016. Il ne dispose plus de compteur, ce qui ne permet pas de comparaison avec 2018.
36. Lebleu (Clémentine), « Les Apports de la pédagogie : état des lieux dans le département du Nord à partir d'un questionnaire envoyé dans les écoles maternelles publiques du Nord », mémoire de master 2, ESPE Lille-Nord de France, juin 2019.

l'enseignant de tout prévoir, tout organiser, tout maîtriser, ces pratiques fondées sur la liberté et l'autonomie des enfants représentent un véritable changement de paradigme.

Le nombre d'enseignants, de classes et d'écoles pratiquant une pédagogie alternative et s'étant autoréférencés sur la carte Google du site de Céline Alvarez donne aussi une indication : il était, en France, de 70 en janvier 2016 et de 846 à la fin de cette même année ; en 2021, il était d'environ 2 700[37]. C'est une très nette hausse, mais elle doit être mise en regard d'un autre chiffre : on recense plus d'un million d'enseignants en France.

Cette évolution concerne essentiellement l'enseignement primaire. Dans le secondaire, la majorité des enseignants se considèrent toujours comme étant d'abord des spécialistes d'une discipline avant d'être des pédagogues. Ceux qui mettent en œuvre une pédagogie inversée ou des classes coopératives[38] sont extrêmement minoritaires et isolés.

Le développement des écoles privées

Dans l'enseignement privé hors contrat, les écoles alternatives se multiplient. Pour avoir une idée précise

37. Le comptage est toutefois devenu complexe en raison de l'inscription des pays frontaliers.
38. Caron (Guillaume), Fillion (Laurent), Scy (Céline) et Vasseur (Yasmine), *Osez les pédagogies coopératives au collège et au lycée*, ESF, 2018.

de ce développement, j'ai recensé le nombre de ces écoles en 2016 et en 2021 dans dix départements choisis pour leur variété : zones géographiques urbaines ou zones rurales, de différents niveaux de richesse et avec une diversité dans la tradition de scolarisation dans le privé. On voit que leur nombre a au moins doublé.

	Paris (75)	**Seine-Saint-Denis** (93)	**Bretagne** (22, 29, 35 et 56)	**Touraine et Loiret** (37, 41 et 45)	**Rhône** (69)	**Nord** (59)	**TOTAL**
Rentrée 2016	30	5	7	5	10	1	58
Rentrée 2021	57	11	14	9	30	7	118

Sur l'ensemble du territoire, pendant cette période, le nombre d'écoles se revendiquant de la pédagogie Montessori a triplé en dix ans, passant de 125 en 2016 à près de 300 en 2021[39]. Les écoles démocratiques, fondées sur les apprentissages autonomes, étaient inconnues en France jusqu'en 2014[40] ; depuis, une cinquantaine a fleuri.

Ces écoles privées hors contrat n'étant pas aidées par l'État, leur équilibre économique requiert une contribution financière importante des familles, généralement de 3 000 à 10 000 euros par an[41]. Jusque dans les années 2000 au moins, ces écoles étaient fréquentées

39. Viaud (Marie-Laure), « L'Éducation nouvelle au XXIe siècle : une utopie toujours vivante ? », dans Guichet (Jean-Luc) et Maillard (Alain) (dir.), *Utopies éducatives*, Artois Presses Université, 2018.
40. Elles existent, en revanche, depuis 1968 aux États-Unis, et depuis, elles se sont développées en Allemagne, en Angleterre, en Israël, en Espagne et dans bien d'autres pays. Chaque année depuis 1993, leur congrès annuel rassemble 500 participants venus d'une trentaine de pays.
41. Poucet (Bruno), « L'enseignement privé scolaire hors contrat : refuge ou refus de l'école ? », dans Michel (Youenn), Cahon (Julien) (dir.), *Refus et refusés d'école*, Presses universitaires de Grenoble, 2020, p. 89-104.

uniquement par des élèves de milieux aisés. Un clivage était alors établi entre deux mondes qui s'ignoraient. D'un côté, des enseignants du public, se référant à des pédagogies critiques (pédagogie Freinet, pédagogie institutionnelle…), convaincus qu'une éducation fondée sur l'entraide et la coopération devait être mise en place pour contribuer à la formation des citoyens concernés par le bien commun, et exerçant généralement dans des quartiers mixtes ou populaires. De l'autre, des écoles privées aux frais de scolarité élevés, accueillant des élèves de familles privilégiées, se référant essentiellement à Montessori, à Steiner ou à des pédagogies plurielles, priorisant l'épanouissement de l'enfant mais ne revendiquant aucune visée émancipatrice.

Depuis une vingtaine d'années, cette situation a commencé à évoluer. Comme on l'a vu précédemment, dans l'Éducation nationale, les enseignants se disent plus nombreux à s'inspirer de l'Éducation nouvelle, notamment dans les quartiers défavorisés. Néanmoins, une majorité d'entre eux le font désormais sans référence à des projets de société émancipateurs[42].

À l'inverse, dans l'enseignement privé, un nombre croissant d'écoles revendiquent leur inscription dans un projet sociétal émancipateur et diversifient leurs stratégies économiques pour accueillir des familles dont les ressources financières sont limitées[43]. Pour

42. Nous l'avons montré dans l'enquête « Le développement des pédagogies différentes dans l'enseignement public français depuis les années 2000 », communication, colloque *Formes d'éducation alternative au Québec et ailleurs : terrains, réseaux, gouvernance*, dans le cadre du congrès de l'Association canadienne-française pour l'avancement des sciences (ACFAS), Gatineau (Canada), 9 mai 2019.

43. Viaud (Marie-Laure), « Le développement des écoles et pédagogies différentes en France depuis le début des années 2000 : état des lieux et perspectives », *SpécifiCITéS*, n° 10, 2017/1.

cela, certaines écoles établissent une tarification variable selon les revenus des familles, comme le font les écoles du groupe Montessori 21, où les frais de scolarité mensuels vont de 200 à 1 000 euros par mois. De rares écoles bénéficient du soutien d'un mécène ; d'autres, un peu plus nombreuses, sont aidées par une campagne de financement participatif réussie. Beaucoup recourent massivement au bénévolat, surtout durant les premières années. Les frais liés aux locaux étant très importants, quelques écoles obtiennent la mise à disposition d'un local à titre gratuit ou très peu onéreux. À titre d'exemple, la toute petite école Bricabrac, à Marseille, fonctionne depuis 2015 avec des frais de scolarité allant de 30 à 87 euros par mois, grâce à l'aide d'un réseau de donateurs réguliers (dons à partir de 10 euros par mois), à la mise à disposition du local par une paroisse, au bénévolat des adultes et à quelques profits retirés de ventes diverses (organisation de vide-greniers ou fabrication de sirop de menthe, etc.).

Combien d'écoles cherchent ainsi, au prix de bricolages économiques, à s'adresser à un public plus diversifié ? D'après la Fondation pour l'école, la moitié des écoles privées hors contrat ouvertes en 2020-2021 déclarent proposer soit un système de bourse, soit une modulation des tarifs en fonction des revenus[44]. Pour mesurer précisément ce qu'il en est, dans les dix départements considérés plus haut, j'ai recherché, parmi les écoles alternatives ouvertes entre la rentrée 2016 et la rentrée 2021, combien ont mis en place des bourses

44. Étude statistique de la Fondation pour l'école, en ligne : https://www.ecoles-libres.fr/statistiques/, consultée le 2 novembre 2021.

ou une tarification basée sur le quotient familial, ou ont limité les frais de scolarité de façon qu'une partie des familles puissent accéder à l'école pour moins de 3 500 euros par an[45].

Résultat : en province, dans les 9 départements étudiés, c'est le cas de 22 écoles sur les 51 qui ont ouvert durant ces cinq années. Cela concorde avec les données de Pierre Courtioux et Tristan-Pierre Maury[46], qui affirment que, au cours de la période 2004-2014, l'entre-soi des élèves très favorisés a davantage baissé dans le privé que dans le public hors éducation prioritaire.

	Paris (75)	**Seine-Saint-Denis** (93)	**Bretagne** (22, 29, 35 et 56)	**Touraine et Loiret** (37, 41 et 45)	**Rhône** (69)	**Nord** (59)	**Total province (9 départements)**
Nombre d'écoles alternatives ouvertes de 2016 à 2021	34	6	11	6	20	8	51
Dont : nombre d'écoles recherchant une mixité sociale	4	3	7	4	7	2	22

45. Les tarifs ont été relevés au printemps 2022 sur les sites des écoles ou obtenus en les contactant. Il s'agit uniquement des frais dits de scolarité : les éventuelles majorations de frais d'inscription la première année ou les éventuelles réductions pour fratries n'ont pas été comptabilisées, pas plus que les frais annexes (cantine, garderie, etc.). La somme de 3 500 euros par an est évidemment considérable, mais on estime ici qu'elle permet une certaine mixité sociale car, lors d'entretiens avec des parents exerçant des professions intermédiaires, ceux-ci ont indiqué que les sacrifices financiers auxquels ils étaient prêts pour scolariser leurs enfants dans une école différente pouvaient atteindre ce montant. C'est aussi le maximum retenu pour l'enquête ; dans certaines écoles, la somme demandée est inférieure.
46. Courtioux (Pierre) et Maury (Tristan-Pierre), « Public, privé et éducation prioritaire : une analyse comparative de la mixité sociale à l'école », *Formation emploi*, n° 144, p. 133-154, 2018.

Paris, en revanche, constitue un cas à part : seules 4 écoles sur les 34 qui ont ouvert depuis cinq ans cherchent à s'adresser à un public mixte. En outre, le relevé des tarifs montre que 22 de ces écoles demandent au minimum plus de 8 000 euros par an aux familles, faisant ainsi le choix explicite de l'élitisme et de l'entre-soi.

Au total, en France, on peut estimer que l'ensemble des classes et écoles « différentes » scolarisent entre 30 000 et 70 000 enfants[47]. La hausse est nette et constitue une réelle nouveauté, mais les chiffres restent très faibles : cela représente une goutte d'eau au regard des 12,5 millions d'élèves français. Les quelques centaines d'écoles alternatives existantes sont aussi à comparer avec les 59 650 établissements scolaires français[48].

Le contraste avec la situation d'autres pays, comme l'Allemagne ou les États-Unis par exemple, est saisissant[49]. On dénombre 22 000 écoles Montessori dans le monde[50], mais seules 296 écoles en France s'en réclament[51]. Le mouvement Waldorf-Steiner compte

47. Ceci aussi est difficile à mesurer : d'une part, il n'existe ni liste ni label permettant d'affirmer que telle école appartient ou non à cette catégorie ; d'autre part, des écoles ouvrent – ou ferment – chaque année, voire en cours d'année. Ce chiffre se fonde sur la base de 400 écoles scolarisant chacune 50 élèves (fourchette basse) ou de 500 établissements de 100 élèves (fourchette haute). On y ajoute les élèves des classes Freinet ou Montessori des écoles ordinaires.
48. DEPP - L'Éducation nationale en chiffres, édition 2021. En ligne : https://www.education.gouv.fr/l-education-nationale-en-chiffres-2021-324545.
49. Hugon (Marie-Anne) et Viaud (Marie-Laure), « Les écoles et pédagogies "différentes" : approches internationales », *Revue française d'éducation comparée*, n° 15, 2017. En ligne : http://www.afdece.com/content/revues/RFEC15.pdf.
50. Verdiani (Antonella), *Ces écoles qui rendent nos enfants heureux. Expériences et méthodes pour éduquer à la joie*, Actes Sud, 2012, p. 30.
51. 296 se réclament, de près ou de loin, de Montessori (https://www.ecoles-libres.fr/statistiques/) et 101 sont affiliées à l'AMF (comptage 2020, https://www.montessori-france.asso.fr/page/198700).

3 000 établissements sur les cinq continents[52]... dont 22 écoles dans l'Hexagone[53]. La pédagogie Freinet serait pratiquée par 300 000 enseignants dans le monde mais il n'existe que 21 écoles maternelles et primaires publiques Freinet en France.

52. Directory of Waldorf-Steiner Schools, "Kindergartens and Teacher Education Centers worldwide", juin 2016, document PDF.
53. Morin (Violaine), « La pédagogie Steiner, un cas d'école pour ses partisans comme pour ses détracteurs », *Le Monde*, 14 juillet 2021.

Partie 3

Un système bloqué, qui décourage les promoteurs des pratiques nouvelles

Comment expliquer qu'en France, les pédagogies alternatives soient toujours restées minoritaires et en marge du système scolaire, et beaucoup moins répandues que dans la plupart des autres pays ?

Écartons d'abord un point souvent soulevé : ce n'est pas une question d'argent. Dans l'enseignement public, le taux d'encadrement et les moyens attribués aux établissements expérimentaux sont strictement identiques à ceux des établissements standards, voire inférieurs. Quant au développement des écoles privées hors contrat, il fait faire des économies à l'État, qui ne débourse plus un centime pour les élèves qui ont quitté le système.

Le contexte sociopolitique

Les explications du faible développement de ces pédagogies sont d'abord à rechercher du côté du contexte sociopolitique.

La France est un pays de tradition centralisatrice et unitaire. Nous sommes habitués à ce que l'État décide de tout. On ne perçoit pas très bien, dans l'Hexagone, à quel point cette manière de penser nous est spécifique. En Belgique, en Flandre, chacun peut ouvrir une école, à condition que le programme soit accepté par l'administration régionale et que les enseignants aient le diplôme requis; l'école est alors subventionnée[1]. Au Québec, un groupe de parents qui le souhaite a le droit – un droit établi par la loi pour l'instruction – de demander la création locale d'une école alternative: cela a permis l'ouverture de 7 écoles publiques différentes entre 2010 et 2016[2]. En France, l'idée que chacun, à la manière des «Colibris», devrait se lancer dans une action, à son échelle, fût-elle minuscule, en faveur d'un monde meilleur a été popularisée par le film *Demain* et commence lentement à faire son chemin dans une frange de la population.

Mais pour la majorité, l'idée que les citoyens pourraient prendre des initiatives – comme enseigner autrement dans sa classe ou initier un projet d'école – ne fait pas partie des habitudes culturelles. Que l'on puisse faire autrement, se singulariser, en matière éducative, est donc difficile à accepter par la majorité des acteurs du système éducatif.

En outre – mais ceci est lié à ce qui précède –, de nombreux Français sont extrêmement attachés à l'idée d'égalité et profondément convaincus que l'égalité des chances passe par un même enseignement dispensé à tous: tous les élèves français devraient suivre le même programme, avoir exactement le même nombre d'heures de mathématiques, entendre le même discours au même moment… et ce, indépendamment de la diversité des besoins, de la vitesse d'apprentissage des uns et des autres. L'idée que plusieurs chemins

---

1. Nevejans (Rozemarijn) et Vermassen (Marleen), « Formation "pédagogie Freinet" en Flandre », *Le Nouvel Éducateur*, n° 219, 2014, p. 42-45.
2. Chenier (Pierre), « Fonder une école publique alternative au Québec, un défi en 2016 ! », Éducation Canada, 2016. En ligne : https://repaq.org/documents-de-reflexion.

pourraient conduire au même résultat n'est pas présente. Dans ce contexte, il n'y a pas de place pour la diversité éducative.

La France est aussi un pays dans lequel les exigences académiques sont fortes et où la priorité est donnée à la transmission du savoir. La situation est très différente, par exemple, dans les pays du nord de l'Europe et dans les pays anglophones, où le bien-être et l'épanouissement de la personnalité sont mis en avant en priorité[3].

Les évolutions récentes de l'école maternelle sont révélatrices. Depuis le milieu des années 1980, le jeu libre et la place des activités artistiques ne cessent d'y diminuer, les programmes sont toujours plus contraignants et plus axés sur les apprentissages fondamentaux, sur le modèle de l'élémentaire. Les nouveaux programmes entrés en vigueur en septembre 2021 sont focalisés sur les compétences (lire, écrire, compter...), avec des évaluations dès l'âge de 2-3 ans. « Il n'est question que de contrôle, de vérification, et d'exercices qui n'ont de jeu que le nom », estime Gilles Brougère, professeur de sciences de l'éducation[4]. « En petite section, on travaille désormais les mathématiques ou la reconnaissance de lettres », explique Ghilain Leroy[5] ; « Des activités comme le dessin, jadis une des plus présentes dans les classes, n'y ont quasiment plus droit de cité. »

---

3. Brougère (Gilles), « Le bien-être des enfants à l'école maternelle : comparaison des pratiques pédagogiques en France et en Allemagne, *Informations sociales*, n° 160, 2010/4, p. 46-53.
4. Brougère (Gilles), « Le jeu et l'école maternelle française : une incompréhension récurrente », *L'expresso du Café pédagogique*, 16 décembre 2020.
5. Leroy (Ghilain), « Pour une école maternelle de la résistance », *L'expresso du Café pédagogique*, 15 décembre 2020.

Ce constat est valable pour l'ensemble du système scolaire français. En France, ce qui va dans le sens de l'épanouissement de l'enfant est suspecté d'éloigner de l'essentiel, c'est-à-dire des apprentissages académiques. Tout se passe, en quelque sorte, comme si l'épanouissement et les apprentissages fondamentaux étaient comme deux vases contigus : quand l'un se remplit, l'autre se vide. Il est alors difficile de concevoir que les deux soient possibles en même temps c'est-à-dire : que l'école pourrait à la fois rendre les enfants heureux *et* leur permettre d'apprendre les mathématiques et l'orthographe. On touche là aux représentations, c'est-à-dire à des croyances éloignées d'une approche rationnelle des apprentissages.

Nous avons montré dans une étude comparative[6] que le développement des écoles alternatives est limité dans les pays donnant la priorité aux savoirs académiques et dans ceux ayant une longue tradition centralisatrice et unitaire, la pédagogie et l'organisation de l'école étant alors perçues comme étant l'affaire des seuls professionnels de l'école et de l'État : c'est le cas en France, en Italie et au Chili. À l'inverse, le développement de ces écoles est facilité dans les pays décentralisés et dans ceux qui mettent l'accent sur l'épanouissement de la personnalité de l'enfant – probablement parce que les principes de l'Éducation nouvelle sont alors plus facilement acceptés dans l'opinion : c'est le cas, par exemple, en Allemagne, au Québec et aux États-Unis.

---

6. Viaud (Marie-Laure), « Des écoles différentes ? Perspectives internationales », dans Darbellay (Frédéric), Moody (Zoé) et Louviot (Maude) (dir.), *L'école autrement ? Les pédagogies alternatives en débat*, Éditions Alphil, 2021.

Les habitudes culturelles françaises constituent donc le premier élément expliquant la situation des pédagogies différentes dans ce pays. Cela permet de comprendre que l'institution n'ait jamais franchement soutenu ces pratiques, que les enseignants n'y aient pas été formés et ne les connaissent que très mal, que la demande parentale pour ce type d'écoles ne soit que récente et reste encore marginale, et qu'aucun des mouvements politiques ou sociaux qui pourraient relayer de tels projets (partis politiques, syndicats...) ne s'y intéresse réellement.

Comme un accordéon

Ce premier niveau de compréhension n'épuise pas la question. Car la situation des pédagogies nouvelles, en France, n'est pas celle d'un désintérêt complet qui aurait été suivi d'une brusque « découverte » récente. La réalité est plus complexe : depuis plus d'un siècle, on observe une alternance de très courtes périodes de soutien aux valeurs des pédagogies alternatives (souci de donner du sens aux savoirs, pluridisciplinarité, ouverture de l'école sur l'extérieur, acceptation d'initiatives locales...) et, systématiquement ensuite, de périodes de valorisation des formes traditionnelles de l'enseignement (retour aux « fondamentaux », autorité, affirmation d'une « remise au pas » du corps enseignant par des circulaires prescriptives...).

Si l'on observe cela à l'échelle du siècle écoulé, on constate que cette alternance s'est à chaque fois manifestée sous la forme d'un foisonnement d'initiatives, d'un « bouillonnement » d'idées rapide, inventif, audacieux... suivi d'un déclin tout aussi net.

Ainsi, au sortir de la Première Guerre mondiale, dans une Europe traumatisée et soucieuse de pacifisme, naît l'espoir qu'une évolution du modèle éducatif permette d'éviter la répétition de pareils conflits. En 1921, le premier congrès international d'Éducation nouvelle rassemble 150 novateurs. En 1923, lorsque Célestin Freinet commence à transformer sa classe, il s'appuie sur les instructions officielles tout juste parues, qui prônent les « classes promenades ». C'est l'époque du développement des écoles Montessori et Steiner, celle aussi de Summerhill, la célèbre école fondée par Neill en Angleterre sur le principe de la liberté absolue des enfants. Mais la situation bascule à la fin des années 1920, avec la crise économique et la montée de l'extrême droite politique: plusieurs pédagogues sont alors violemment attaqués, comme Freinet, qui doit quitter l'Éducation nationale en 1933.

L'arrivée au pouvoir du Front populaire change brièvement la donne. Le ministre Jean Zay préconise des pratiques nouvelles dans l'ensemble du système éducatif. En 1937, à titre d'expérimentation, 176 classes sont ouvertes dans 46 établissements, où l'on pratique, dès la classe de 6e, une pédagogie centrée sur l'enfant, sa personnalité, ses goûts, ses aptitudes. En 1938, c'est terminé.

À la Libération, le mouvement en faveur d'une éducation différente connaît un nouvel élan. Nombre d'écoles publiques ou privées voient le jour, dont La Source et Decroly sont les héritières. Une commission pour la réforme de l'enseignement, mise en place par le ministère, donne naissance à un projet de réforme profonde de l'éducation: le plan Langevin-Wallon. En 1945, 200 classes nouvelles sont ouvertes. Elles expérimentent dans des lycées publics, avec des élèves de la 6e à la 3e, des pratiques innovantes fondées sur l'activité de l'élève, la démarche d'enquête, les activités manuelles et artistiques, la pluridisciplinarité. Mais, entre 1950 et 1952, le gouvernement met fin à la plupart de ces expériences sans les avoir évaluées.

Le début des années 1960 et les années suivant immédiatement 1968 constituent une nouvelle période d'engouement pour les pédagogies nouvelles, suivie, sous le ministère de René Haby, d'une période de « remise en ordre ». En mai 1981, la victoire de la gauche donne une nouvelle dynamique à ces pédagogies. Le ministre de l'Éducation Alain Savary veut favoriser l'ouverture de lycées « alternatifs » dans l'Éducation nationale: cinq établissements sont créés.

Mais, après 1984, dans un contexte marqué par la parution de plusieurs pamphlets virulents affirmant que la pédagogie s'oppose à la « transmission des savoirs », Jean-Pierre Chevènement, qui remplace Alain Savary, insiste sur l'effort et le travail, fait l'éloge des normes, de l'autorité et de la compétition. La plupart des écoles différentes ferment. Jack Lang, ministre de l'Éducation en 2000, permet l'ouverture de trois collèges expérimentaux... dont l'existence sera mise en cause en 2002, lors du changement de gouvernement. En 2015, la réforme du collège de Najat Vallaud-Belkacem, déjà évoquée, tend à donner davantage de liberté aux enseignants... projet enterré dès son départ du ministère.

Pendant les cinq dernières années, la politique de Jean-Michel Blanquer a rendu la situation moins immédiatement lisible, en prétendant favoriser l'innovation (comme avec le statut dérogatoire octroyé à 50 écoles marseillaises à la rentrée 2022) et s'appuyer sur les données de la science (éloge des neurosciences). La réalité était complètement différente : inflation des prescriptions, contrôle autoritaire et renforcement de la hiérarchie : redéfinition du statut des directeurs d'école, scolarisation obligatoire pour tous dès l'âge de trois ans, interdiction de l'instruction en famille… pour ne prendre que quelques exemples.

Précarité, isolement et tracasseries administratives

Ces volte-face successives ont conduit, sur le terrain, à l'ouverture régulière d'un petit nombre d'écoles fondées sur des pédagogies différentes, puis à leur fermeture brutale. Suivie de la création d'autres écoles… puis de leur fermeture. À chaque fois sans explications, sans que ces expériences aient été évaluées, sans que l'analyse de ce qui aurait pu être transféré dans le système ordinaire, pour le faire évoluer, ait été réalisée.

Nous en prendrons ici seulement quelques exemples récents, appuyés sur des expériences que j'ai suivies de près, mais il serait possible d'en décrire infiniment d'autres.

Ainsi, à la rentrée 2000, trois collèges expérimentaux fondés sur des principes novateurs avaient vu le jour : le collège de La 7e Île à Brest, le collège pionnier de La Maronne dans le Cantal et le collège Anne-Frank au Mans. Je me suis rendue à plusieurs reprises dans ces trois collèges. J'ai pu constater l'intérêt et le sérieux du travail mené : des enseignants investis, des dispositifs pédagogiques novateurs favorisant la réussite de tous. Fin juin 2006, le collège expérimental de Brest a été fermé sans préavis par l'inspecteur d'académie, à la veille des grandes vacances, à l'occasion d'un déménagement imposé à l'équipe éducative sans concertation avec l'équipe et les parents. En 2009, le collège de La Maronne a dû, à son tour, mettre la clé sous la porte après s'être battu plusieurs années durant au tribunal administratif pour obtenir le statut d'établissement. En juin 2013, le collège Anne-Frank, un projet très novateur fondé sur le remplacement des classes de 6e, 5e, 4e et 3e par des groupes de niveaux variables selon les disciplines et adaptables de façon très souple aux besoins de chaque collégien, a dû renoncer à son caractère expérimental, à l'initiative d'un directeur académique, après avoir subi plusieurs années de violences institutionnelles[7].

Ces trois collèges expérimentaux ont donc été fermés quasiment du jour au lendemain par une décision unilatérale de la tutelle, sans que leurs pratiques aient été ni évaluées ni diffusées. Ils auraient pourtant pu constituer des pistes intéressantes pour la réforme du collège.

---

7. Pour plus d'informations : Demougin (Éric), « Le cas du collège Anne-Frank, une aventure arrêtée », *SpécifiCITéS*, n° 10, 2017/1.

Autre exemple : à partir de 2010, un groupe de professionnels de différents collèges d'Aubervilliers (Seine-Saint-Denis) a imaginé pour le 6e collège d'Aubervilliers, alors en construction, un projet « coopératif et polytechnique » fondé notamment sur l'exploration interdisciplinaire des compétences intellectuelles et manuelles et sur la mise en place d'espaces de pouvoirs partagés. Huit années de travail, de réflexion, d'échanges, de lutte, ont passé. À la rentrée 2018, il a enfin pu ouvrir, dans des conditions particulièrement difficiles : un projet en partie amputé de ce qui en faisait la spécificité, une première année confinée dans des préfabriqués qui prenaient l'eau, sans installations sportives ni cantine, et une partie importante de l'équipe qui n'a pu être nommée aux postes prévus et/ou qui n'a pas été renouvelée au bout d'un an. Après deux années de ce régime, début juin 2020, une lettre-couperet du rectorat a surpris l'équipe : le projet était stoppé net, sans aucune évaluation exhaustive[8], faisant fi des dix années d'investissement intense d'une poignée d'enseignants dynamiques.

La situation n'est pas propre au secondaire. En juillet 2018, l'école primaire de Mons-en-Barœul – dont les résultats impressionnants ont été validés par une équipe d'universitaires (voir partie 2) – apprend que la possibilité de rassembler des enseignants formés à la pédagogie Freinet lui est retirée, ce qui met fin à la cohérence pédagogique de l'école et donc à sa spécificité. Depuis 2019, l'équipe de l'école Freinet Marie-Curie de Bobigny souffre des pratiques de

8. Porto (Arthur), « À Aubervilliers : un collège coopératif interdit… », blog en ligne sur *Le Club de Médiapart*, 17 juin 2020.

l'inspectrice de l'Éducation nationale de Bobigny, dénoncées par l'équipe comme « autoritaires, culpabilisantes et infantilisantes[9] ». Ces pressions ont eu pour effet d'avoir quasiment mis un terme au projet de l'équipe. Ainsi, l'une des enseignantes, qui avait remis en question la pertinence des évaluations nationales, a subi une mutation « dans l'intérêt du service[10] ». En 2020, c'est encore une école primaire Freinet, celle d'Hérouville-Saint-Clair, dans le Calvados, qui a été subitement démantelée, après quarante-trois années de vie et d'apprentissages en pédagogie Freinet[11].

Les enseignants qui mettent en œuvre des pratiques innovantes dans les écoles ordinaires n'échappent pas à cette règle. L'expérience de Céline Alvarez l'a montré au grand jour. Bien d'autres enseignants, non médiatisés, ont, comme elle, vu leurs choix pédagogiques encouragés, puis dénigrés.

Enfin, dans le primaire comme dans le secondaire, les écoles qui échappent à la fermeture voient leurs expérimentations régulièrement remises en cause par des mesures fragilisantes et/ou normalisantes. En juin 2019, la FESPI (Fédération des établissements scolaires publics innovants) en a donné quelques exemples dans un communiqué alertant sur la situation de la majorité des structures expérimentales du second degré : obligation de déménager dans des locaux inadaptés, suppressions de postes, non-renouvellement des postes ou

---

9. Syndicat Sud-Charente, « Soutien à notre camarade Hélène, victime de répression syndicale et pédagogique à Marie-Curie à Bobigny », communiqué du 10 mars 2021.
10. Watrelot (Philippe), *Mise au pas*, 15 février 2021, blog en ligne : http://philippe-watrelot.blogspot.com.
11. « Menaces sur l'école Freinet à Hérouville-Saint-Clair », article consulté en ligne le 10 septembre 2020 sur : https://fracturesscolaires.org/2020/06/05/menaces-sur-ecole-freinet-a-herouville-saint-clair.

non-nomination des enseignants formés à ces pédagogies, non-reconduction des dispositifs spécifiques[12]…

Depuis quelques années, ces brusques revirements de la tutelle touchent les écoles privées hors contrat, jusque-là relativement épargnées.

Depuis 2018, alors que les inspections étaient jusque-là annoncées à l'avance, elles sont devenues inopinées. La recherche-action-expérimentation dans laquelle je suis engagée (cf. partie 4) m'a permis de prendre connaissance du déroulé de la majorité des inspections ayant eu lieu entre 2018 et 2021 dans les écoles démocratiques du réseau de l'EUDEC et de consulter les rapports d'inspection qui les ont suivies. Au cours de cette période, la majorité des équipes décrivent un changement net de comportement de la part de certains des inspecteurs : faisant preuve de mauvaise foi, cherchant tous les prétextes, y compris mensongers, pour obtenir la fermeture. Les conditions mêmes dans lesquelles se déroulent parfois ces contrôles laissent perplexe : certains inspecteurs arrivent à quatre ou cinq, par surprise, dans une école de quinze ou vingt enfants, puis repartent une heure plus tard : comment, dans de telles circonstances, pouvoir formuler un avis étayé ? Nombre de ces équipes ont reçu une mise en demeure et/ou une injonction de fermeture, qui ont mis en péril leur existence ou les ont conduites à devoir arrêter leurs activités.

12. « Les établissements expérimentaux de l'Éducation nationale fragilisés », communiqué de presse de la FESPI consulté en ligne le 10 septembre 2020 sur : https://www.fespi.fr/communique-de-presse-les-etablissements-experimentaux-de-leducation-nationale-fragilises.

Le ressenti des novateurs

Est-il possible de comprendre le mécanisme de ce qui se joue ici ?

L'analyse des rares ouvertures d'écoles alternatives publiques montre qu'elles ont toutes eu lieu quand deux conditions étaient simultanément réunies : d'une part, au ministère, un « moment favorable » selon la périodicité que l'on a décrite plus haut (1936-1938, 1945-1952, 1968-1972, etc.) et, d'autre part, un soutien au niveau institutionnel local. Cela signifie qu'il a toujours fallu, pour que ces ouvertures aient lieu, que certains membres de la hiérarchie soutiennent ces projets, voire imposent localement leur mise en place.

L'Éducation nationale est « caractérisée par la longueur de la chaîne hiérarchique : administration centrale, niveau académique, niveau départemental, niveau de l'établissement, auxquels se rajoute, s'agissant de l'enseignement primaire, la circonscription de l'inspecteur de l'Éducation nationale[13] » : c'est une organisation lourde et traversée de courants contradictoires. Depuis le début des années 1990, avec la déconcentration et la décentralisation, la multiplication des échelons intermédiaires décisionnaires a multiplié les possibilités de blocage.

Il faut également savoir que la majorité des membres de la hiérarchie de l'Éducation nationale (inspecteurs, chefs d'établissement, recteurs, ministres...) ne sont pas *a priori* favorables aux pédagogies nouvelles. Non qu'ils y soient particulièrement hostiles ; simplement,

13. Legrand (André), « Comment réformer le mammouth », *Pouvoirs*, n° 122, 2007.

ils les connaissent mal, parce qu'ils n'ont jamais été formés, ce qui rend incompréhensibles et « illisibles » à leurs yeux la plupart des projets alternatifs. Comme ils sont d'anciens très bons élèves, il leur est difficile de mettre en question un système qui leur a permis de réussir. En outre, les représentations et habitudes culturelles fondées sur l'antinomie imaginaire entre l'efficacité des apprentissages académiques et la prise en compte des besoins des élèves sont particulièrement prégnantes chez eux, parce que la majorité vient des mêmes grandes écoles et en partage les valeurs. Ils ont été recrutés pour favoriser la stabilité du système et ils s'efforcent de le faire au mieux. Ils ne sont pas formés à accepter les « pas de côté » mais, au contraire, à veiller à ce que chacun se conforme aux injonctions. Le mode de désignation de la hiérarchie joue dans ce sens : « Il y a bien vacances de postes, appel à candidatures, mais finalement les candidats les plus rénovateurs ne sont pas admis à concourir », affirmait Antoine Prost en 1998 à propos de l'inspection générale[14] – et cela n'a pas changé depuis.

Dans quelques cas, certains d'entre eux non seulement échappent à ce portrait mais sont pro-actifs et parviennent à imposer localement la mise en place d'un projet. Robert Gloton IEN (inspecteur de l'Éducation nationale) avait, en 1962, impulsé à Paris le Groupe expérimental de pédagogie active et fonctionnelle du 20e arrondissement, dont l'école Vitruve, qui existe toujours[15]. L'école Freinet de Mons-en-Barœul

14. Entretien avec Antoine Prost, in Ruano-Borbalan (Jean-Claude), *Éduquer et former*, Éditions Sciences humaines, 1998, p. 460-461.
15. Patry (Delphine), « Robert Gloton (1906-1986) : un artisan de l'Éducation nouvelle dans l'enseignement public ? », *Éducation et socialisation*, Les cahiers du CERFEE, n° 54, 2019.

a pu être investie par des enseignants Freinet en 2001 grâce à la volonté de l'IEN local, Jean-Robert Gier[16]. Le développement des « tiroirs Montessori » dans les classes ordinaires est plus important dans les académies (Paris, Aix-Marseille...) où les IEN encouragent ces pratiques, par exemple en organisant des formations continues sur ce thème, et plus faible dans les autres (Bretagne, nord de la France...). Pour le secondaire, on peut citer l'exemple du collège-lycée expérimental Freinet à La Ciotat (CLEF), ouvert en 2008 grâce à la volonté du recteur Jean-Paul de Gaudemar ; ou, la même année, celui de la création du microlycée de Vitry-sur-Seine (94), rendue possible par l'action du recteur de l'académie, qui souhaitait démultiplier l'expérience réussie du premier microlycée[17].

Les écoles alternatives qui ont pu ouvrir l'ont donc fait dans des contextes très particuliers et très fragiles. Il suffit alors d'un départ, d'une mutation, pour que le rapport de force soit modifié, que l'équilibre favorable soit ébranlé.

Cet état de fait explique la brutalité des fermetures d'écoles et la multiplication des tracasseries administratives imposées à celles qui restent ouvertes.

Il explique aussi que si quelques projets décrochent parfois l'autorisation d'ouvrir, à la faveur de circonstances favorables, à force d'insistance et/ou en disposant de nombreux soutiens, la majorité des équipes

---

16. Saint-Denis (Éric, de), « Les structures scolaires alternatives, à la marge de l'institution », *SpécifiCITéS*, n° 10, 2017/1.

17. Entretien avec Jean-Luc Balmelle, proviseur du lycée Jean-Macé, qui accueille le microlycée, dans *La Lettre des professionnels de l'éducation*, 1er juin 2010. Le recteur en question a connu une évolution de carrière notable au cours des années suivantes...

porteuses de projets innovants dans l'Éducation nationale ne réussissent jamais à obtenir le feu vert de l'institution.

Lorsque j'étais une jeune enseignante d'histoire-géographie, j'avais constaté la difficulté, pour un enseignant isolé, de pratiquer une pédagogie différente dans le secondaire. J'avais alors initié, en 1997, un projet de collège-lycée expérimental en Seine-Saint-Denis. L'association DECLIC (Développement expérimental d'un collège-lycée d'initiative citoyenne) a réuni des centaines de personnes et obtenu le soutien d'élus et de nombreuses personnalités, tels Philippe Meirieu et Pierre-Gilles de Gennes. Nous nous sommes battus pendant cinq ans pour obtenir l'ouverture promise par le ministère de l'Éducation nationale, sans cesse annoncée comme imminente… mais sans cesse repoussée par l'institution. Elle n'a jamais eu lieu[18].

Depuis, j'ai vu de nombreuses équipes d'enseignants motivées, dynamiques, désireuses de disposer d'une petite marge de liberté pour mettre en place plus de pluridisciplinarité et de coopération, dépenser une énergie considérable pendant plusieurs années, ballottées de promesses en promesses, pour finalement ne rien obtenir.

18. Viaud (Marie-Laure), « Aventures et mésaventures d'un projet : l'histoire d'un Déclic », *Recherche sociale*, n° 150, avril-juin 1999, p. 35-39.

Une valorisation de l'innovation… de façade

Ce qui précède peut sembler entrer en contradiction avec une partie du discours institutionnel. Depuis plus de quinze ans, les textes officiels affirment leur soutien à l'innovation et l'importance de pratiques fondées sur l'activité de l'élève, de la pédagogie de projet, et encouragent l'épanouissement, le bien-être, la citoyenneté, le développement de l'esprit critique. Le ministère de l'Éducation nationale organise des « journées de l'innovation » et un « prix de l'innovation » récompensant les « meilleures initiatives ». Le Code de l'éducation prévoit explicitement la possibilité de conduire des « projets d'expérimentation » (article D314-2) qui devront être évalués et diffusés : « Cette disposition vise à encourager la créativité des acteurs de terrain et leur donne une marge de liberté pour inventer et mettre en œuvre de nouvelles pratiques pédagogiques qui permettent la réussite et l'épanouissement de leurs élèves », peut-on lire sur le site de l'académie de Créteil[19].

Dans les faits, qu'en est-il ? Sylvie Condette, Yves Reuter et Liliane Szajda-Boulanger ont finement analysé les innovations de terrain mises en place dans le cadre de cet « article 34 » dans les deux premières années ayant suivi sa promulgation. Conclusion : il

19. « Déposer son projet au CVE : appel à projets 2023 », CARDIE (Cellule académique recherche, développement, innovation, expérimentation), en ligne : https://cardie.ac-creteil.fr/spip.php?article12, site consulté le 28 décembre 2021.

s'agit de dispositifs « peu diversifiés, souvent imprécis et rarement véritablement novateurs », dont beaucoup existaient déjà depuis de nombreuses années, ayant seulement été « relookés » pour s'adapter aux nouveaux textes[20].

La recherche sur le *Lycée de toutes les chances*, une initiative visant à développer les expérimentations dans les lycées professionnels, avait conduit en partie au même constat : habillage de pratiques antérieures, « patchwork de mesurettes » ; « On institutionnalise ce qui existait précédemment[21]. »

Bref, les innovations encouragées par l'institution sont d'une ampleur limitée – la création d'un jeu, la mise en place d'un nouveau logiciel, d'un partenariat, etc. –, et les dispositifs, pour être soutenus, ne doivent être ni trop audacieux ni porteurs d'une remise en cause du fonctionnement du système établi.

En septembre 2022, Pap Ndiaye a annoncé vouloir soutenir financièrement les « projets pédagogiques innovants » en promettant quelque 500 millions d'euros pour les écoles dont le projet passerait la barre d'un « jury » dont la composition reste encore assez mystérieuse. On voit que ce n'est pas la première fois qu'une telle annonce est faite et que l'expérience montre que cela n'a aucun impact réel sur les pratiques.

La contradiction entre les intentions affichées et la réalité aboutit à ce paradoxe : les mêmes responsables hiérarchiques peuvent, à la fois, affirmer l'importance

---

20. Condette (Sylvie), Reuter (Yves) et Szajda-Boulanger (Liliane), « Les expérimentations "article 34 de la loi de 2005" : bilan et discussions d'une recherche sur des pratiques scolaires "innovantes" », *Les Sciences de l'éducation – pour l'ère nouvelle*, vol. 46, n° 3, 2013, p. 13-39.
21. Ferréol (Gilles), « L'expérimentation *Lycée de toutes les chances* : un premier bilan », *La Revue de l'IRES*, n° 54, 2007/2.

de l'innovation ou de l'épanouissement des élèves, et même en être sincèrement, profondément convaincus, et édicter des mesures qui vont directement à l'encontre de ces principes.

Conséquences

En se comportant ainsi à l'égard de ses enseignants les plus dynamiques, les plus investis dans une possible transformation du système, l'institution bloque, ou du moins freine considérablement, l'évolution de l'ensemble du système éducatif.

En ne permettant pas à leurs actions de bénéficier du soutien continu dont elles auraient eu besoin pour se développer, l'institution décourage les novateurs. Elle suscite chez les enseignants impliqués dans ces projets un sentiment de stress permanent. Elle les oblige à consacrer beaucoup de temps et d'énergie à la lutte pour la survie de leurs expérimentations et à devoir sans cesse apporter la preuve du bien-fondé et de la réussite de leurs pratiques (preuve qu'on ne demande jamais aux enseignants ordinaires), au détriment d'autres investissements. Elle engendre un sentiment d'incompréhension, de non-reconnaissance du travail mené, et un profond découragement. Elle conduit aussi, pour le moins, à une détérioration des relations entre les enseignants et la tutelle.

Et, surtout, cela a pour conséquence d'empêcher toute diffusion de ces pratiques pionnières dans l'ensemble du système.

En mettant un terme brutal et prématuré aux expérimentations, sans avoir analysé ce qui fonctionnait ou ne fonctionnait pas, ce qui serait ou ne serait pas transposable aux établissements du tout-venant, on se prive de l'apport essentiel que devrait être celui de telles expérimentations : la possibilité d'un essaimage.

Vers un système à deux vitesses

Cette quasi-impossibilité de transformer les pratiques dans l'Éducation nationale contribue à plusieurs mouvements concomitants : l'évitement d'un certain nombre d'élèves, le développement de l'enseignement privé et la multiplication des démissions d'enseignants.

L'accentuation des stratégies d'évitement des familles, d'abord. Le consumérisme scolaire, qui existe depuis longtemps[22] mais qui se développe de plus en plus dans tous les milieux sociaux, conduit davantage de parents à rechercher activement un établissement scolaire jugé « meilleur » que le tout-venant.

Comme l'a montré Agnès Van Zanten[23], cet évitement se fait soit par le départ vers le privé, soit en « interne », par des arrangements avec la sectorisation conduisant à une inscription dans un établissement

---

22. Ballion (Robert), *Les Consommateurs d'école*, Stock/Pernoud, Paris, 1982.
23. Van Zanten (Agnès), *Choisir son école*, PUF, 2009.

mieux coté ou au choix d'options discriminantes comme les très en vogue classes à horaires aménagés musicales (CHAM).

Ces stratégies familiales favorisent le développement d'un système scolaire clivé: d'un côté, les pauvres, contraints de demeurer dans un système public de plus en plus défaillant; de l'autre, les riches. Dans les quartiers populaires, on assiste à une ghettoïsation de certaines écoles publiques, qui se vident des enfants des classes moyennes et supérieures.

Un nombre croissant de familles se tourne aussi vers l'instruction en famille. Ce nombre est difficile à préciser[24], mais des différentes données recensées par Philippe Bongrand et Dominique Glasman, il ressort que le nombre d'enfants concernés a quadruplé en dix ans. Ainsi, en 2007-2008, 3 275 enfants âgés de 6 à 16 ans n'étaient scolarisés ni dans un établissement ni dans le cadre de l'enseignement à distance *via* l'Éducation nationale; en 2016-2017, ils étaient 13 982 dans ce cas[25].

Le départ des enseignants, ensuite. Le nombre de démissions est en hausse depuis une dizaine d'années[26]. 400 enseignants en poste ont quitté l'Éducation nationale en 2012-2013, et 1 417 en 2018, soit plus du triple[27]. Patrick Rayou utilise la notion de « travail empêché », expliquant que les jeunes enseignants ne fuient

---

24. Glasman (Dominique) et Bongrand (Philippe), « Dénombrer les enfants et adolescents instruits hors établissement : pratiques, enjeux et problèmes », *Revue française de pédagogie*, n° 205, 2018.
25. *Ibid.*
26. Entretien avec Françoise Lantheaume, « Pour les jeunes enseignants, "le choc a toujours lieu entre l'idéal du métier et le réel" », *Le Monde*, 22 novembre 2021.
27. Battaglia (Mattea), « Les démissions d'enseignants augmentent et l'Éducation nationale n'arrive pas à répondre à ce malaise », *Le Monde*, 22 novembre 2021.

pas parce qu'ils sont mal payés ou qu'ils ont trop de travail, même si ce sont des réalités, mais parce qu'ils ont « l'impression de ne pas pouvoir faire le travail pour lequel ils sont venus à ce métier » : « Ils pensent que, dans tous les cas, ce qu'ils vont faire ne conviendra pas : on n'aura pas validé tous les objectifs, on aura forcément laissé quelqu'un de côté, on n'aura pas émargé à toutes les compétences[28]... » Parmi ces enseignants démissionnaires, j'en ai rencontré un certain nombre, difficile à traduire en pourcentage, qui ont choisi de se tourner vers le privé tout en affirmant que cette décision était un pis-aller et motivée par l'impossibilité de mener à bien un tel projet dans l'enseignement public.

Troisième évolution, liée aux précédentes : depuis une décennie, les écoles privées hors contrat se multiplient[29]. À la rentrée 2011, on comptait, de la maternelle au lycée, 868 établissements hors contrat, qui scolarisaient 52 000 élèves au total. À la rentrée 2021, 1 801 établissements, qui scolarisaient plus de 80 000 élèves[30].

Ces écoles ont des pratiques tarifaires, sociales et pédagogiques très diverses. Certaines sont extrêmement chères et sélectives, notamment à Paris et dans les banlieues aisées de la capitale. D'autres diversifient leurs stratégies pour permettre leur fréquentation par

---

28. Rayou (Patrick), « Les mutations de l'identité professionnelle des enseignants », *Le français aujourd'hui*, vol. 171, n° 4, 2010, p. 41-48.
29. Ces ouvertures ont lieu essentiellement dans l'enseignement hors contrat puisqu'un établissement doit avoir au moins cinq ans d'ancienneté pour postuler au statut « sous contrat » et parce que ce statut hors contrat est le seul qui autorise à s'affranchir du respect des programmes et des horaires alloués à chaque discipline par l'Éducation nationale (seule la préparation du socle commun des connaissances et des compétences est exigée).
30. Selon le ministère de l'Éducation nationale, dans « Repères et références statistiques sur les enseignements, la formation et la recherche », éditions 2010-2011 et édition 2021.

un public socialement mixte en faisant appel au financement participatif, aux dons, au bénévolat, ou en créant des bourses[31] (voir page 45). Plus de la moitié des écoles hors contrat se réfèrent aux pédagogies alternatives. D'autres écoles, en revanche, mettent en œuvre des pédagogies rétrogrades, reposant sur l'obéissance, le « par cœur » et la mémorisation. En 2022, le CNAL (Comité national d'action laïc) a publié un rapport sur les écoles hors contrat fondé sur l'analyse de 164 rapports d'inspection, selon lequel bon nombre de ces établissements ne respecteraient pas les valeurs de la République. On peut citer, à titre d'exemple, le cas des établissements catholiques traditionalistes : « absence de mixité, une pédagogie descendante, des manuels obsolètes[32] ».

Le développement de ces écoles suscitant des inquiétudes, l'Éducation nationale a cherché, ces dernières années, à le limiter *via* un durcissement législatif. Jusqu'en 2018, il était seulement nécessaire, pour ouvrir un établissement, de satisfaire à certaines conditions d'hygiène, de sécurité et de qualification du directeur, puis d'en faire la déclaration aux autorités de tutelle. La loi Gatel (2018) a rendu le processus d'ouverture plus long et plus complexe : les autorités disposent dorénavant d'un délai de trois mois après le dépôt du dossier pour s'opposer à l'ouverture, délai pendant lequel

---

31. Viaud (Marie-Laure), « Le développement des écoles et pédagogies différentes depuis le début des années 2000 : état des lieux et perspectives », *SpécifiCITéS*, n° 10, 2017/1, p. 119-148.
32. Jarraud (François), « Le CNAL demande un contrôle préfectoral renforcé sur les écoles hors contrat », *L'expresso du Café pédagogique*, 10 mars 2022. En ligne : http://www.cafepedagogique.net/lexpresso/Pages/2022/03/10032022Article637824917553625878.aspx. La méthodologie de ce rapport doit être considérée avec un regard critique : les inspecteurs n'ont passé que deux ou trois heures dans les écoles et ont observé leur fonctionnement à travers leur grille de lecture administrative ; en outre, le panel d'écoles pris en compte n'est pas représentatif. Je l'utilise ici parce qu'il n'existe pas d'autre étude récente sur les pratiques pédagogiques de ces établissements.

l'école ne peut pas encore ouvrir. Concrètement, cela signifie qu'à partir du moment où une école dispose de tout ce qui est nécessaire pour enseigner (la possession d'un local conforme aux normes et la présence d'un directeur ou d'une directrice font partie des éléments exigés dans le dossier), elle doit faire face à des frais importants, comme le loyer, sans recevoir d'élèves, donc sans aucun apport financier. La loi Gatel a également renforcé le contrôle du maire et des services de l'État au moment de l'ouverture en élargissant la liste des motifs d'opposition. Elle a enfin instauré un contrôle annuel de chaque établissement.

L'un des objectifs visés est bien de décourager les créateurs : « Cette loi [...] a permis d'empêcher davantage d'ouvertures d'écoles », a affirmé Jean-Michel Blanquer[33]. La loi « confortant le respect des principes de la République » adoptée en juillet 2021 va plus loin : l'article 22 permet de fermer par simple décision administrative une école hors contrat.

Ces pressions ont déjà conduit à la fermeture de plusieurs écoles et en menacent plusieurs autres. Mais ont-elles atteint la bonne cible ? J'ai suivi le développement de plusieurs des structures qui ont dû mettre la clef sous la porte. Il s'agissait d'écoles démocratiques, basées sur l'épanouissement et la liberté des enfants, qui avaient choisi d'avoir des tarifs très peu élevés pour être accessibles à tous. Elles ne disposaient pas de la trésorerie nécessaire pour se défendre sur le long terme (frais d'avocat, frais de loyer en cas de fermeture administrative temporaire), et ont donc

33. Public Sénat, « Écoles privées hors contrat : feu vert du Sénat à une réponse plus rapide en cas de dérive », site consulté le 31 décembre 2021. En ligne : https://www.publicsenat.fr/actualites/non-classe/ecoles-privees-hors-contrat-feu-vert-du-senat-a-une-reponse-plus-rapide-en-cas.

été facilement fragilisées. À l'inverse, des écoles aux choix pédagogiques opposés, sélectives, coûteuses, et beaucoup plus éloignées des valeurs républicaines, ont eu les moyens de trouver des parades aux tracasseries institutionnelles.

Sur le fond, tenter d'endiguer la fuite vers le privé, plutôt que d'accroître l'attractivité du public, n'est pas une solution à long terme. La véritable responsabilité est celle d'un système bloqué, qui, en décourageant toute évolution, précipite parents et enseignants dans le privé.

Aussi longtemps qu'au sein de l'Éducation nationale, les rares initiatives pédagogiques alternatives seront critiquées et attaquées, ce seront les initiatives citoyennes (instruction en famille, écoles alternatives privées) qui nourriront l'expérimentation et l'innovation pédagogiques. Au risque d'aboutir à un système scolaire à double vitesse[34].

34. Je reprends ici la conclusion de notre article : Hugon (Marie-Anne) et Viaud (Marie-Laure), « Pédagogies alternatives : à la recherche d'une autre école », *Revue parlementaire*, n° 1089, 2018.

Partie 4

Vers L'Autre Collège : « Ne rien dire que nous n'ayons fait. »

En 2018, je me suis engagée dans un projet de recherche-action-expérimentation visant à concevoir et faire fonctionner un collège alternatif fondé sur un projet économique et pédagogique novateur.

Depuis la fin des années 1990, j'avais étudié un très grand nombre d'écoles, de collèges et de lycées différents en comparant leurs choix pédagogiques et leurs effets en termes d'implication des élèves dans les apprentissages. Pourquoi ne pas ouvrir un collège fondé sur une analyse étayée des pratiques qui ont fait la preuve de leur efficacité ? Pour la chercheuse que j'étais, cela constituait un projet d'expérimentation et de recherche enthousiasmant.

L'entrée en 6e de ma fille aînée a été l'élément déclencheur qui m'a conduite à me lancer. De sa scolarité primaire dans une école publique de type Freinet, ma fille avait conservé le goût d'apprendre et la nécessité de donner du sens à ses apprentissages. Un mois après son entrée au collège – le collège public de secteur, dont la réputation est plutôt bonne –, elle nous a demandé de la scolariser « à la maison ». Elle se plaignait d'un ennui considérable, d'une relation aux adultes fondée sur des jeux d'affrontement et de sa déception de ne « rien apprendre ». J'ai alors cherché, sans trouver, une autre solution de scolarisation pour elle.

Me réinvestir dans une expérience de terrain était cohérent avec un principe phare de la pédagogie institutionnelle, dont les praticiens affirment qu'ils n'écrivent pas de traités théoriques mais uniquement des monographies, des descriptions factuelles de ce qu'ils ont fait dans leurs classes. « Ne rien dire que nous n'ayons fait » est un principe. Ou, comme le dit un peu abruptement

Jean Oury[1] : « C'est ce qu'il y a de plus instructif : sortir du baratin. » En cela, ils se distinguent fortement d'autres pédagogues de l'Éducation nouvelle, tel Steiner, chez qui, au contraire, la théorie précède largement la pratique.

J'avais aussi gardé un arrière-goût amer de l'expérience jamais aboutie de *DECLIC*, ce projet de collège-lycée expérimental public que j'avais initié et pour lequel j'avais bataillé entre 1998 et 2001, mais que l'Éducation nationale n'avait finalement jamais consenti à ouvrir.

Fin 2018, j'ai donc lancé auprès des parents et des acteurs associatifs du quartier où nous habitions l'idée de fonder un petit collège parental, associatif, citoyen.

Ce quartier, très mixte socialement[2], a la particularité d'avoir une riche vie associative. Beaucoup de parents, de voisins, se sont connus en inscrivant leurs enfants dans les crèches parentales du quartier, dans les jardins d'enfants de la ville de Paris ou dans une école publique expérimentale (école Vitruve) – pour beaucoup d'entre eux, ces trois choix se faisant dans une continuité ou dans le cadre d'une participation à des projets solidaires et associatifs locaux. Dès que le projet a été lancé, il a suscité l'intérêt et la participation de nombreuses familles. En quelques mois, des réunions publiques se sont tenues, un site Internet est né, une association a été constituée, des bénévoles se sont impliqués. L'Autre Collège a ouvert ses portes à la rentrée 2019.

1. Entretien avec Jean Oury, dans Meirieu (Philippe), *Fernand Oury. Y a-t-il une autre loi possible dans la classe ?*, PEMF, 2001, p. 7.
2. À titre d'exemple, le revenu médian de consommation est de 20 345 euros par unité de consommation dans le 20e arrondissement, contre 26 195 euros en moyenne à Paris). Source : Caf de Paris, *Diagnostic territorial du 20e arrondissement*, 2018. En ligne : http://partenaires.cafparis.fr/wp-content/uploads/2019/07/Diagnoctic-20e-juin-2018.pdf.

Deux casquettes

Je me suis investie dans ce projet comme parent mais surtout comme citoyenne et comme chercheuse engagée, désireuse de mettre mes connaissances sur les pédagogies différentes au profit d'une réalisation concrète.

Dans les pages qui suivent, j'ai choisi d'alterner l'utilisation du terme « jeunes » et celle du terme « élèves ». Derrière cette nuance sémantique se profile un débat pédagogique : les partisans des pédagogies nouvelles parlent d'enfants, et non d'élèves, pour montrer qu'ils se considèrent d'abord comme des éducateurs et qu'ils favorisent l'épanouissement de l'être tout entier, de toutes les facettes de sa personnalité. À L'Autre Collège, nous disons « les jeunes » parce que ce serait trop long de dire « les enfants et les adolescents ». Les chercheurs en sciences de l'éducation, eux, parlent d'élèves ; c'est une habitude professionnelle.

Utiliser ici indifféremment ces deux termes (élèves/jeunes) témoigne symboliquement du fait que je porte deux casquettes dans ce projet : celle de la praticienne de terrain et celle de la chercheuse. Et je les porte non pas à des moments différents de ma vie professionnelle mais bien *en même temps*. Ce que j'ai appris en tant que chercheuse me permet d'être une praticienne de terrain avisée et de faire fonctionner d'une certaine façon L'Autre Collège. Ce que j'apprends en observant et en analysant ce qui se passe à L'Autre Collège me permet d'en tirer des conclusions comme chercheuse, c'est-à-dire de tenir des propos qui dépassent l'expérience singulière de ce collège pour avoir une portée plus générale.

Être une chercheuse, dans un tel contexte, c'est construire un outillage qui permette d'observer ce que l'on est en train de faire : se donner les moyens de prendre de la distance, pouvoir « se regarder agir ». Comme le font les ethnologues, je note mes observations mais aussi mes étonnements, mes doutes, mes ressentis dans un « journal de terrain » : cela permet l'objectivation de mes attentes subjectives, de mes engagements, de mes prises de position. Je filme régulièrement le quotidien. Ces images aident à repérer ce qui aura été invisible sur le moment. Enfin, nous sommes plusieurs intervenants, réguliers ou occasionnels, à L'Autre Collège, à être issus du monde de la recherche universitaire[3]. Nos échanges constituent aussi une forme de distanciation.

A. Un modèle économique et citoyen favorisant la mixité sociale

Ouvrir un collège posait une première question : dans le privé ou dans le public ? Je suis convaincue qu'il faut développer prioritairement les pédagogies alternatives dans le cadre de l'Éducation nationale, pour que ces pratiques émancipatrices favorisent la promotion de tous, et non d'un petit nombre. Mais obtenir l'ouverture d'une école « différente » dans le

3. Notamment Marie-Anne Hugon, professeure émérite de sciences de l'éducation à l'université de Paris Ouest La Défense, Constance Lenoir, docteure en lettres et droit, Tony Spinnhirny, étudiant en sciences de l'éducation, et Saskia Walentowitz, docteure en ethnologie et anthropologie sociale.

public est quasiment impossible, et, dans les rares cas où cela a lieu, espérer que ce projet puisse être soutenu dans la durée par l'institution est illusoire.

Nous avons donc choisi de créer ce collège sous la forme d'une structure associative, ce qui interdit d'en retirer un bénéfice. Nous avons affirmé que nous acceptions ce compromis pour développer et faire connaître la viabilité d'un autre modèle... en espérant ainsi semer des « graines » qui pourront, à terme, faciliter la transformation des pédagogies mises en œuvre dans l'Éducation nationale. Nous avons aussi voulu expérimenter la viabilité d'un modèle économique novateur. Cela nous engageait dans un nouveau défi : était-il possible de concevoir une structure privée ouverte au plus grand nombre, permettant une vraie mixité sociale, grâce à des solutions imaginatives ?

Investir des tiers lieux

Le budget d'une école hors contrat est essentiellement consacré au local et à la rétribution de l'équipe enseignante. En province, le loyer représente 20 à 30 % du budget, mais à Paris, souvent 50 %[4].

La première piste que nous avons envisagée pour réduire le coût du fonctionnement était d'imaginer un collège sans local dédié à 100 %, en utilisant les

---

4. Si l'on considère, par exemple, le budget de 2020 de l'École dynamique, petite école alternative parisienne de 50 élèves, on constate que les salaires ont représenté 52 % des dépenses (120 000 euros), et le loyer, 39 % (90 000 euros), selon l'appel à dons diffusé sur les réseaux sociaux par l'*École dynamique* en novembre 2020.

nombreux locaux associatifs et équipements culturels parisiens qui sont vides ou peu fréquentés dans la journée. Le projet Transapi, une structure innovante pour lycéens décrocheurs qui avait existé à Paris entre 2012 et 2015, y était parvenu en utilisant des tiers lieux comme la Gaîté lyrique ou la Maison des métallos[5].

Fréquenter les bibliothèques, les musées, les lieux culturels et associatifs, c'était aussi sortir de l'enfermement des salles de classe, ouvrir les adolescents à la vie, à la ville, au monde, favoriser les rencontres et les échanges : précisément ce que nous souhaitions.

Le maillage relationnel et associatif dense du quartier Réunion-Charonne a joué un rôle favorisant. Très rapidement, le centre socioculturel Étincelles a proposé de mettre l'un de ses locaux à la disposition du projet quatre matinées par semaine. Cela a permis de constituer le dossier d'ouverture pour le rectorat et d'ouvrir dès la rentrée 2019 une première classe multiâge, composée de 6 jeunes de 9 à 14 ans – effectif ensuite monté à 20 jeunes.

Durant les premiers mois, les après-midi ont été riches sur le plan culturel. Un ou deux après-midi au moins par semaine, le groupe investissait les musées parisiens (Palais de la découverte, Cité des sciences et de l'industrie, planétarium, musée du Louvre, musée du Quai Branly, serres tropicales du Jardin des plantes...). Les autres jours, la bibliothèque municipale la plus proche nous ouvrait une salle, ce qui nous permettait d'utiliser les équipements collectifs (ouvrages, ordinateurs...) tout en ayant la possibilité de travailler en groupe.

5. Source : entretien avec Muriel Epstein, initiatrice du projet Transapi (http://transapi.fr/).

Six mois après l'ouverture, en mars 2020, la crise sanitaire a porté un coup rude au projet. Le modèle choisi s'est montré souple et résilient pendant le premier confinement. Un nombre considérable d'écoles privées hors contrat ont dû mettre la clé sous la porte à l'issue de cette période, notamment parce que leurs frais restaient importants alors que certaines des familles ne payaient plus la scolarité des enfants. Sans locaux, quasiment sans dépenses à ce stade, L'Autre Collège s'est adapté plus facilement.

Les deux années suivantes, la pandémie a induit un nouveau défi : comment préserver un modèle d'école fondé sur l'ouverture sur le monde dans un contexte où tous les lieux culturels fermaient ? Faute de pouvoir nous rendre dans les musées et bibliothèques, nous avons noué de nouveaux partenariats. Le Théâtre de l'Écho, fermé au public pendant cette période, a pu recevoir les jeunes de L'Autre Collège à titre de « scolaires » certains après-midi. Le café-jeux Natema a partagé son local et son matériel pour des activités variées (couture, projections de films, atelier « Fresque du climat »...). La Maison des pratiques artistiques amateurs de la rue Saint-Blaise nous a permis de mener une activité théâtre tous les vendredis. L'association Coud' à Coud' a hébergé des ateliers bricolage et cuisine. Un atelier d'écriture a mis à notre disposition sa petite salle quelques heures par semaine.

Ainsi, dans un rayon de trois cents mètres autour du centre social utilisé le matin, un réseau de tiers lieux partenaires s'est constitué. Finalement, la fermeture des musées et des bibliothèques nous a contraints à rechercher des ressources locales, à découvrir des lieux insoupçonnés, à nouer des liens nouveaux avec les acteurs associatifs du quartier.

Pour Saskia Walentowitz, anthropologue, qui participe au projet, « on peut parler de L'Autre Collège comme d'une expérience anti-fragile, en reprenant le concept de Nassim Taleb : chaque crise nous renforce, le problème est la solution. Ce sont les contraintes imposées et choisies – par exemple, refuser de payer un loyer coûteux –, les crises et les conflits qui nous aident à inventer le collège. Un collège comme le nôtre à Paris est théoriquement impossible. Faisons-le quand même et voyons ce qui se passe. C'est notre force ! »

Des parents, comme dans les crèches parentales

L'autre solution que nous avons imaginée pour favoriser la mixité sociale était de faire participer les parents au quotidien, sur le modèle des crèches parentales, où chaque famille assure quatre heures de présence hebdomadaire.

Ce choix avait aussi d'autres vertus. Une étude de Pascale Haag et Amélia Legavre[6] montre que dans un modèle d'école alternative fondé sur la mise à distance des parents, ces derniers se montrent suspicieux, et cela peut conduire à des situations conflictuelles,

6. Legavre (Amélia) et Haag (Pascale), « La pédagogie différente auprès des parents d'élèves : malentendus et mobilisations conflictuelles vus par des fondateurs d'écoles », *SpécifiCITéS*, n° 12, 2019/1, p. 136-147.

notamment parce que des formules telles que « le bien-être » ou « l'épanouissement » tendent à être interprétées de façons divergentes. À l'opposé, l'expérience de Bernard Collot et des écoles du « troisième type[7] » prouve que lorsque les enseignants ouvrent largement les portes de leurs classes, les familles font davantage confiance à l'équipe et se positionnent comme partenaires sur un mode constructif.

Il s'agissait également de contribuer à développer un modèle de société dans lequel chacun soit acteur et impliqué dans ce qui le concerne, où l'on ne fasse pas « à la place » de l'autre. Des membres de l'association à l'initiative du projet étaient impliqués dans des épiceries coopératives participatives. L'idée était la même : accepter de s'impliquer, de donner de son temps, pour transformer localement les choses. Reprendre du pouvoir sur ses choix de vie, se réapproprier l'éducation de ses enfants au lieu de se soumettre à ce qui est imposé. Bref, favoriser la participation active des parents était aussi un choix politique, au sens noble de ce mot.

Notre expérimentation a montré que la présence des parents est très bénéfique.

Les ateliers qu'ils animent connaissent un grand succès auprès des jeunes. L'une des raisons qui l'expliquent est que beaucoup s'investissent pour partager un savoir ou une compétence qui les passionne : ont ainsi été mis en place des ateliers de dessin en perspective, de couture, de travail du métal, de théâtre, de radio, de slam, de relaxation, de langue des signes, d'astronomie, d'identification des plantes sauvages

7. Collot (Bernard), *La Pédagogie de la mouche*, Éditions L'Instant Présent, 2017.

comestibles, de philosophie… pour ne citer que quelques exemples. La passion est souvent communicative ! Les « ateliers parents » ont ainsi contribué à installer une dynamique d'engagement dans les activités.

Les interventions des parents posent une question d'actualité : n'importe qui peut-il s'improviser enseignant ? La réponse est évidemment « non ». Partager ce que l'on aime, accompagner au musée, aider à encadrer une sortie, c'est une chose. Ce n'est pas du tout la même chose qu'encadrer un groupe à plein temps. Enseigner est, bien entendu, un métier à part entière, l'un des plus exigeants qui soient, et qui nécessite une formation longue et de qualité (à la rentrée 2022, le désastre des vacataires formés en trois jours l'a montré avec éclat…). Depuis le début de la deuxième année, les jeunes sont donc accompagnés au quotidien par un enseignant « facilitateur d'apprentissage » salarié à plein temps. En outre, en fonction des besoins, un ou deux spécialistes interviennent quelques heures par semaine dans des disciplines spécifiques (sciences, anglais, etc.).

Un argument souvent émis au début du projet était qu'à l'adolescence, les jeunes souhaitent se détacher de leur famille et avoir « leur monde à eux ». Mais chaque parent n'est présent au collège qu'une demi-journée par semaine et les jeunes ne sont jamais obligés de participer aux ateliers dans lesquels leur parent intervient : ils ne ressentent donc pas leur présence comme intrusive. La majorité apprécie même beaucoup de passer une demi-journée par semaine avec l'un de leurs parents.

Par ailleurs, dans la société actuelle, la plupart des adolescents, en dehors de leur famille, n'échangent quasiment qu'avec d'autres adolescents. C'est un appauvrissement social incroyable. À L'Autre Collège, nombre d'entre eux passent beaucoup de temps à discuter et développent des liens forts avec un ou plusieurs adultes qui ne sont pas leurs parents, souvent grâce à une passion partagée: le dessin, la musique, la couture... Trouver d'autres adultes de référence, que l'on peut admirer, imiter, ou avec lesquels on trouve simplement de l'intérêt à échanger et dont on se sent apprécié est essentiel dans la construction de soi.

Le réseau de tiers lieux, la participation des parents et l'énorme investissement d'un noyau de bénévoles ont conjointement permis à L'Autre Collège de fonctionner avec des frais scolaires mensuels allant de 50 à 360 euros selon les familles. À titre de comparaison: le coût de la scolarité dans une école privée alternative hors contrat à Paris est presque toujours supérieur à 800 euros par mois[8].

Si l'on considère les effectifs à la rentrée 2021, on constate que 26 familles, comprenant 45 adultes au total, ont fréquenté le collège depuis son ouverture. Selon les données en notre possession, un seul parent dispose de revenus élevés[9], et trois, au contraire, vivent dans des conditions précaires (logement de moins de vingt mètres carrés et/ou RSA et/ou recours à l'aide alimentaire). Les autres familles appartiennent

8. Nous avons relevé le coût de la scolarité dans les 32 établissements privés hors contrat ayant ouvert à Paris entre 2016 et 2021 : dans 4 établissements, il est inférieur à 350 euros par mois pour une partie au moins des familles (bourses ou tarification en fonction du quotient familial) ; dans 6 établissements, il est compris entre 350 et 800 euros ; dans les 22 autres, il est supérieur à 800 euros.

9. Au sens de l'Insee : faisant partie des 10 % de Français aux revenus les plus élevés, avec 5 090 euros par mois par personne en moyenne. Source : *Revenus et patrimoine des ménages*, édition 2021, https://www.insee.fr.

aux classes moyennes. Deux autres indicateurs de la diversité économique et sociale peuvent être pris en compte : le nombre de foyers comprenant un parent au chômage et/ou sans revenus professionnels, qui est de 10 sur 26 familles, et le nombre de foyers composés d'une mère seule isolée[10], facteur de précarité sociale, qui est de 7 familles sur 26. Ces éléments montrent que les choix économiques de L'Autre Collège ont permis une réelle mixité sociale.

En revanche, il a été plus difficile d'échapper à une certaine homogénéité culturelle, car ce sont surtout les familles disposant de ressources culturelles importantes qui ont accès aux connaissances leur permettant de choisir de scolariser leur enfant en dehors du système ordinaire. Près de la moitié des parents de L'Autre Collège exerce dans le domaine de l'enseignement et/ou de la culture : enseignants, intermittents du spectacle, musiciens, professeur de piano, luthier, ingénieur du son, éditeur…

Entre 2019 et 2021, seules trois familles éloignées socialement et culturellement de la sphère des écoles alternatives ont rejoint le projet. Elles ont contribué au fonctionnement de l'école en enrichissant le collectif de leurs compétences. Par exemple, un père plombier-électricien a accompagné un petit groupe d'élèves dans la construction d'une cuisine équipée au sein du théâtre qui nous accueille depuis le début de la crise sanitaire. Le chantier a duré un an, à raison d'un après-midi par semaine, pendant lequel ils ont construit des placards, un plan de travail, un circuit électrique,

10. Mère seule isolée : nous entendons par là une situation dans laquelle le père est décédé, absent ou inconnu, et/ou n'ayant pas le droit de garde.

installé l'arrivée et l'évacuation d'eau, mis en place les équipements : évier, robinet... Cela a été à la fois une occasion d'appliquer des savoirs scolaires dans la vie réelle (réaliser un plan à l'échelle en maniant la proportionnalité, tracer un trait perpendiculaire, concevoir un circuit électrique, etc.), une initiation professionnelle (acquérir des savoir-faire, apprendre à scier, percer, visser, mais aussi mener une réalisation à son terme, avec son lot de difficultés et le bonheur de son accomplissement) et un projet axé sur l'entraide et la coopération, qui visait initialement à remercier les responsables du théâtre de leur accueil en réalisant la cuisine à laquelle ils aspiraient.

Les tiers lieux : des catalyseurs d'engagement dans les apprentissages

Au démarrage du projet, ne pas avoir de local dédié (pour des raisons économiques) représentait à nos yeux une contrainte. Nous attendions impatiemment le jour où il serait possible d'en disposer : « Ah, si nous avions un local, nous aurions un atelier bricolage... », « ... et une cuisine ! » ; « Et chaque jeune aurait un casier pour ses affaires ! » Quatre ans après l'ouverture, nous n'avons toujours pas de local à nous, mais nous avons observé que l'utilisation de tiers lieux présentait des intérêts inattendus.

Les principaux avantages des tiers lieux sont leur diversité et leur ouverture sur le monde, ce qui a un impact positif sur l'état d'esprit des élèves.

Au sein du centre socioculturel, les jeunes croisent les personnes chargées de préparer des cartons pour la distribution de produits de première nécessité ou celles qui organisent des permanences d'alphabétisation ; ils voient ainsi des adultes qui travaillent, qui sont impliqués dans ce qu'ils font. Au Théâtre de l'Écho, des troupes professionnelles répètent dans la salle du bas quand nous occupons celle du haut ; on entend alors les répliques, on mesure la patience dans le travail effectué, et on apprend aussi à faire le silence, pour respecter ce travail. À la Maison des pratiques artistiques amateurs, à la bibliothèque, ce sont les mêmes situations.

Plusieurs parents ont organisé des ateliers sur leur lieu de travail. Ce qui était une contrainte – ne pas avoir de local – est alors devenu une chance. Les jeunes sont allés enregistrer des émissions dans les locaux d'une radio parisienne[11], en compagnie de professionnels. Ils ont travaillé le bois et le métal dans un atelier, ils se sont initiés à la fabrication de parfum dans un autre. Partout, ils étaient entourés de professionnels en activité et ont utilisé un matériel de qualité.

Ces ouvertures participent également à l'orientation professionnelle. C'est au café-jeux Natema, où le chef cuistot est aux fourneaux dès le matin pour préparer la quarantaine de déjeuners servis quotidiennement,

11. Voir la rubrique « projets d'élèves » sur le site de L'Autre Collège, https://www.lautrecollege.fr/Productions_d_eleves.EB.htm.

que D. a pris goût à la cuisine, a pu la pratiquer sous la forme d'un stage long et nous a finalement quittés en fin de 3e pour un lycée professionnel choisi sans hésitation. C'est à la ferme urbaine de Charonne, où un groupe se rend tous les lundis depuis un an pour un après-midi de travail sérieux (nourrir les poules, vérifier leur état de santé, nettoyer le poulailler, déplacer l'enclos, participer au jardinage), qu'E. a décidé qu'il travaillerait avec les animaux. Grâce aux parents et aux bénévoles impliqués dans l'association, les jeunes ont aussi la possibilité d'effectuer des stages d'observation dans des environnements extrêmement variés (une crèche, une maternelle, une épicerie…), et plusieurs le font dès la 6e, parfois durant plusieurs semaines par an.

Arpenter le quartier au quotidien, tout simplement, offre aussi des occasions de rencontres. C'est ainsi que la réflexion autour des collages féministes, nombreux sur les murs du 20e arrondissement depuis 2019, a conduit à organiser une rencontre avec leur initiatrice, Marguerite Stern, et nombre d'activités sur le féminisme en ont découlé. Au café-jeux Natema, la projection du film *Demain* a permis la rencontre avec des animateurs de la Fresque du Climat, activité que les jeunes ont alors souhaité expérimenter et qui a suscité chez certains un vif intérêt pour ces questions.

L'un des arguments souvent avancés par les partisans des apprentissages informels est que l'enfant apprend spontanément à marcher et à parler, sans avoir besoin, pour cela, d'un enseignement structuré; cela démontrerait que nous sommes naturellement programmés pour apprendre et que l'enfant laissé libre continuera à apprendre naturellement tout au long de sa vie. Mais si le petit enfant apprend à parler et à marcher, c'est parce qu'il est entouré de personnes qui parlent et qui marchent. On a d'ailleurs pu constater, *a contrario*, que dans des conditions extrêmes, comme celles d'orphelinats où les enfants étaient absolument délaissés, l'apprentissage de la parole ou de la marche est très retardé, voire impossible. Tous les apprentissages se font par imitation. Il est donc indispensable, pour que des adolescents s'engagent activement dans les apprentissages autonomes, pour qu'ils soient désireux d'écrire, de faire des sciences, de visiter des musées ou de s'engager dans des projets, qu'ils soient entourés d'adultes impliqués dans de telles actions ou réalisations.

Pourtant, le principe même de l'établissement scolaire est celui d'un lieu où les élèves sont mis à part du reste de la société. Dans les tiers lieux, c'est l'inverse.

Sur ce point, l'expérimentation menée par L'Autre Collège rejoint celle de City-As-School. Ce concept, apparu au début des années 1970 à New York, est fondé sur l'implication des élèves dans des projets hors les murs et l'utilisation des ressources de la ville; il a conduit entre 1983 et 1997 à la création d'une quinzaine de structures pour décrocheurs en Europe, dont, en France, La Ville pour École[12]. On peut aussi rapprocher cette innovation de celle des « écoles à aires ouvertes » : en France, dans les années 1960, une centaine d'écoles primaires avaient vu leur architecture modifiée de fond en comble pour favoriser les

12. Hugon (Marie-Anne) et Schneider (Jens), « Améliorer la qualité de l'enseignement en France et en Allemagne : regards croisés sur deux expériences de lutte contre le décrochage scolaire », dans Groux (Dominique), Helmchen (Jürgen), Flitner (Élisabeth), *L'École comparée. Regards croisés franco-allemands*, L'Harmattan, 2006, p. 409-419.

ouvertures sur l'extérieur – décloisonnement entre les classes pour inciter aux échanges entre enseignants, cours de récréation dépourvues de murs, partage de certains équipements (bibliothèque, par exemple) avec les habitants du quartier.

L'absence de local les après-midi nous oblige aussi à passer au moins une heure chaque jour à l'extérieur, notamment dans les espaces verts proches du collège. Cela peut être contraignant en hiver, mais nous avons observé l'effet très positif de ces sorties quotidiennes sur les élèves. Les jours de pluie, où nous sommes obligés de déjeuner dans le hall d'accueil du théâtre, les jeunes sont moins attentifs, plus dissipés, durant l'après-midi qui suit. Cela concorde avec les recherches récentes qui établissent une relation de cause à effet entre le temps passé à l'extérieur et une diminution du stress et de l'anxiété[13]. Par exemple, une étude de 2009 a montré que les enfants atteints de troubles de l'attention (TDAH) mais qui ne sont pas sous médicaments retrouvent la même capacité de concentration que les enfants sous médicaments s'ils se promènent ou jouent dans la nature seulement vingt minutes par jour[14]. D'autres recherches montrent que le simple fait de voir des plantes et des arbres procure des bienfaits à tous les élèves, notamment une amélioration de la concentration et du contrôle des impulsions.

13. Bherer (Louis), *Les Bienfaits de la nature sur la santé globale*, rapport, université de Montréal, mars 2021. En ligne : https://observatoireprevention.org/2021/07/08/les-bienfaits-de-la-nature-sur-la-sante-globale.

14. Kuo (Frances E.), Taylor (Andrea Faber), « A Potential Natural Treatment for Attention-Deficit/Hyperactivity Disorder : Evidence From a National Study », *American Journal of Public Health*, 94, 2004, 1580-1586.

Une autre contrainte liée à l'utilisation de tiers lieux concerne la taille du groupe. Le centre socioculturel nous permet de recevoir une classe unique de 20 élèves de 9 à 14 ans, alors que notre projet initial était de recevoir 40 à 50 jeunes.

Ce fonctionnement en petit groupe favorise l'entraide et la coopération entre les jeunes. Il les oblige aussi à interagir au quotidien avec des personnes très différentes d'eux, puisqu'ils sont trop peu nombreux pour se regrouper par âge et par sexe ou selon un autre critère discriminant (couleur de peau, religion, origine sociale ou type de vêtements...), comme cela se pratique dans les collèges ordinaires. Ce n'est pas toujours simple, mais c'est un apprentissage essentiel au regard de notre projet: celui de former des citoyens tolérants, ouverts, sachant accepter l'autre dans sa diversité et sa différence.

Peter Gray[15] a étudié les interactions entre enfants d'âges différents dans une école américaine à pédagogie Sudbury mêlant des jeunes de 4 à 18 ans. Il a constaté qu'être au contact d'enfants un peu plus avancés suscite chez les plus petits l'envie de les imiter et de prendre des indices sur la manière de procéder de leurs camarades. En outre, ils participent à des activités légèrement plus difficiles que celles qu'ils pourraient partager avec des pairs de leur âge (imiter un adulte serait trop difficile, donc décourageant) : ils se trouvent ainsi dans leur « zone proximale de développement », celle où l'apprentissage serait le plus efficace selon la théorie de Vygotski. Selon les observations de Gray, leurs camarades font

15. Gray (Peter), *Libre pour apprendre*, Actes Sud, 2016, p. 279 notamment.

preuve de sollicitude, s'adaptent, les encouragent et leur apportent un étayage adapté en leur fournissant juste les indices dont ils ont besoin. Quant aux élèves plus âgés, expliquer certaines notions aux plus jeunes leur permet de mieux les comprendre. Ils prennent aussi conscience de leurs compétences et de leurs limites, ce qui les incite à améliorer ces compétences. Les travaux de Gray montrent également que cela leur apprend à « mener un groupe » et que la présence d'enfants plus jeunes les incite à pratiquer davantage d'activités créatives et artistiques. Nous avons pu faire des constats très similaires, qui confirment l'intérêt du multi-âge.

Enfin, L'Autre Collège est fondé sur la démocratie directe, avec chaque jour un « conseil » au cours duquel tout se décide. Les décisions se prennent autant que possible au consensus, et non par vote : le principe est que le groupe améliore les propositions émises jusqu'à ce que chacun puisse ne plus avoir d'objection essentielle. C'est un processus long, mais il favorise l'intelligence collective, la tolérance et l'adhésion de tous aux décisions prises. En revanche, plus la taille du groupe augmente, plus cela devient laborieux ; au-delà de 25 personnes, il nous faudrait faire évoluer ce fonctionnement.

Ces choix comportent aussi leurs limites. L'absence de locaux fixes pendant une partie de la journée et la présence d'une équipe d'adultes effectuant des roulements de quatre heures supposent une orchestration minutieuse, souvent épuisante, que le moindre grain de sable peut perturber. Le projet n'a pu exister que grâce aux spécificités d'un petit quartier de Paris à la vie associative très riche et à l'engagement de ses acteurs, au prix d'un immense investissement personnel et d'un travail d'équilibriste au quotidien.

B. Choix pédagogiques et apprentissages

Mes travaux de recherche m'ont appris que l'une des principales difficultés des fondateurs d'écoles alternatives est l'adaptation de l'idéal au réel. Schématiquement, le risque est d'avoir une école « toute rêvée d'avance » et d'essayer de faire correspondre la réalité à son rêve. Lorsque l'on est arc-bouté sur la mise en place d'une représentation idéalisée, on cesse d'être à l'écoute de la réalité, de ce qui se passe autour de soi, on perd la souplesse nécessaire pour s'adapter au réel[16].

Je l'avais constaté dans beaucoup d'écoles. En 2018, je venais de l'observer à nouveau dans quelques-unes des écoles Sudbury nouvellement créées : certaines équipes étaient tellement convaincues que la plus grande liberté de l'enfant devait primer qu'elles devenaient aveugles aux évidences, comme la souffrance de certains enfants insécurisés par ce cadre et/ou justifiaient des situations inacceptables.

16. Viaud (Marie-Laure), *Des collèges et des lycées différents*, PUF, 2005.

Cela donnait une direction claire au projet de L'Autre Collège: ce ne serait pas la concrétisation de l'école idéale telle que rêvée par un adulte. Il ne fallait pas imaginer un collège idéal *pour* les adolescents mais leur donner les moyens de construire eux-mêmes *leur* collège.

Bernard Collot définit trois types d'écoles[17]. Le premier correspond à la pédagogie classique. Le deuxième est celui de la pédagogie active (pédagogies Freinet, Montessori, etc.) : l'enseignant fait appel à la motivation des élèves et cherche à rattacher son enseignement à la réalité, mais il reste l'ordonnateur de la classe, le maître d'œuvre. Dans une école dite du « 3e type », les enfants, immergés dans un environnement riche en propositions, en stimulations, en activités et en modèles de vie, ont le pouvoir de déterminer eux-mêmes la façon dont ils veulent apprendre et de faire évoluer cette structure dite « dissipative » car jamais figée. C'est dans cette direction que nous souhaitions nous engager.

Le choix d'une pratique démocratique au quotidien allait de pair avec une nécessité essentielle à mes yeux: éduquer les jeunes à se sentir concernés par le bien commun. Beaucoup d'écoles alternatives donnent aujourd'hui la priorité au bien-être, à l'épanouissement individuel, et ne revendiquent plus aucun projet citoyen et émancipateur collectif. Les écoles différentes peuvent-elles réduire leurs ambitions au seul bonheur individuel et à la « réalisation de soi » ? Dans une société où, de plus en plus, l'individu prend le pas sur le collectif, nous voulions d'abord former des

---

17. Collot (Bernard), *L'École du 3e type*, L'Harmattan, 2002.

citoyens capables, demain, de s'engager dans la vie de la cité et d'agir pour que l'intérêt général l'emporte sur les intérêts particuliers.

Donner les moyens aux adolescents de construire leur collège

Nous sommes donc partis d'une « page blanche » : à l'ouverture du collège, aucun emploi du temps n'était défini, aucune activité n'était prévue, et la première journée avec les jeunes a été consacrée à un brainstorming : quels étaient leurs souhaits, leurs idées ?

Ces propositions s'inscrivaient à l'intérieur de limites clairement posées : des « règles du jeu » que chaque jeune souhaitant participer à l'aventure s'était engagé à respecter, telles que « ce lieu est une école et chacun vient ici pour des activités d'apprentissage », « l'usage des écrans est réservé aux apprentissages » et « le fonctionnement démocratique est fondé sur la tenue quotidienne d'un conseil, où la présence est obligatoire et où l'ensemble des décisions sont prises ». La pédagogie institutionnelle[18] a montré combien un cadre structuré, des rituels sont

---

18. Robbes (Bruno), « La pédagogie institutionnelle : origines, fondements et actualité », dans Darbellay (Frédéric), Moody (Zoé) et Louviot (Maude) (dir.), *L'École autrement ? Les pédagogies alternatives en débat*, Éditions Alphil, 2021.

indispensables pour permettre une construction collective organisée. Dans ces limites, tout était imaginable[19].

La co-construction du collège a constitué l'essentiel de notre travail pendant les deux premières années de son existence.

Environ la moitié des jeunes du collège se sont investis avec beaucoup d'énergie dans les « commissions d'amélioration » chargées de préparer les choix soumis à l'approbation de tous lors des « conseils », et ce à raison de plusieurs heures par semaine. Le choix des activités a été discuté. Les règles de vie collective ont été décidées au fur et à mesure que les difficultés se présentaient : « Que faire face au comportement de jeunes qui parlent trop bruyamment à la bibliothèque ? », « À partir de quelle heure doit-on obligatoirement être présent le matin ? », etc.

J'ai constaté que les adolescents faisaient preuve d'une vigilance et d'un sens critique impressionnant. Généralement, ils savaient infiniment mieux que nous, les adultes, ce qu'il convenait de faire dans telle ou telle situation ; ils sentaient ce qui était bon pour le groupe, ce qui allait fonctionner. Ces temps d'échange ont aussi été très formateurs pour eux : ils ont appris à argumenter, à défendre un point de vue, à tenir compte de celui des autres, à changer d'avis, et ont acquis une grande aisance orale. En se mobilisant ainsi, ils ont montré que des adolescents sont capables de décider de ce qu'ils veulent apprendre et de la façon dont ils

19. Dans le respect de la préparation du « socle commun de connaissances, de compétences et de culture », comme le veut la législation.

vont l'apprendre, et de mettre en place l'organisation qui le permettra.

« Le domaine du style et du ton »

Lorsqu'on analyse une innovation en tant que chercheur extérieur, même en s'immergeant plusieurs semaines dans une école, il est difficile de déterminer à quel point ce que l'on observe est représentatif ou singulier, à quel point cela tient, ou non, au fait que les élèves que l'on a sous les yeux à ce moment-là sont particuliers. Les biais cognitifs, et notamment le biais de confirmation, qui consiste à privilégier les informations confirmant ses idées préconçues ou ses hypothèses et/ou à accorder moins de poids aux hypothèses et informations en défaveur de ses conceptions, fonctionnent alors à plein régime, même lorsqu'on en est averti et que l'on s'efforce d'y être attentif. Sur ce plan, participer à la création d'une école et y être présent au moins une partie de la semaine pendant des années permet une compréhension différente de ce qui s'y joue.

Je prendrai ici un seul exemple : l'expérience de L'Autre Collège m'a permis de prendre conscience de l'importance des « débuts » d'une école : l'ambiance qui s'y développe durant les deux premières années est fondamentale.

La plupart des jeunes qui rejoignent une école alternative après avoir vécu plusieurs années d'une scolarité classique n'ont jamais, ou presque, été mis face à la question de savoir ce qu'ils voulaient, de prendre des initiatives, de prendre en main leurs apprentissages. Ils ont souvent perdu le goût et le plaisir d'apprendre. Sans notes, sans pression externe, beaucoup traversent alors une période durant laquelle ils ne voient plus l'intérêt de faire quoi que ce soit. Ce temps d'adaptation est bien connu des praticiens des pédagogies différentes. On entend souvent qu'il faut un mois de transition pour une année antérieure de scolarité classique. C'est une sorte de passage obligé avant de se reconnecter avec soi-même et ses envies.

Si, dans une école, la majorité des élèves sont engagés dans des projets, investis dans les apprentissages, et qu'ils ont établi une relation de confiance avec l'équipe éducative, ils donnent un exemple, une direction décisive aux nouveaux venus, qui s'adaptent à cette atmosphère, car les jeunes ont tendance – et ceci est encore plus vrai à l'adolescence – à imiter les comportements de leurs pairs. Dans le cas contraire, les adolescents s'imitent les uns les autres: imitant alors la « non-envie d'apprendre », l'absence de curiosité, l'apathie. Le risque est alors que les quelques jeunes motivés par les apprentissages se sentent isolés et quittent l'école. Cela accroît la concentration d'enfants en difficulté… et la boucle est bouclée[20].

Cette situation, je l'avais déjà observée dans de nombreuses écoles alternatives depuis vingt ans. Ainsi, l'apathie des jeunes m'avait frappée lors d'une visite récente dans une école alternative, mais je l'avais

20. Cette réalité n'est pas nouvelle : c'est notamment celle des lycées expérimentaux français depuis leur création en 1982, dont la vocation était de s'adresser à tous mais qui, de fait, sont majoritairement fréquentés par des adolescents en difficulté scolaire.

expliquée par des facteurs conjoncturels. L'expérience de la première année de L'Autre Collège, lorsque certains jeunes ont failli entraîner le groupe dans cette direction, m'a permis de comprendre à quel point le regroupement d'élèves n'ayant pas envie d'apprendre ni confiance dans les adultes pouvait être potentiellement dévastateur de par l'effet d'entraînement sur le reste du groupe.

À l'opposé, à partir du milieu de la deuxième année, plusieurs élèves curieux d'apprendre, motivés, enthousiastes, ont joué un rôle moteur dans le groupe. Ainsi, lorsque l'un d'eux s'est interrogé à voix haute sur la nature de l'homme, « Bon ou mauvais ? », nous avons proposé d'en discuter lors d'un « temps de philosophie ». Cette « heure philo » les a passionnés, et ils ont voulu poursuivre sur d'autres thèmes, en en suggérant plusieurs (« Sommes-nous vraiment libres ? », par exemple). L'un des parents a proposé un atelier de découverte de l'ethnographie et de ses méthodes, et cet atelier initialement imaginé pour un après-midi s'est prolongé plusieurs mois, les jeunes ayant souhaité mener leur propre enquête et choisi le sujet : « L'usage des bancs publics de la place de la Réunion ». Les demandes, les intérêts et les réactions de ces élèves ont entraîné l'élaboration d'un programme de plus en plus riche et complexe : l'astronomie, le féminisme, l'identification des plantes sauvages, les expériences scientifiques, le stylisme, les ateliers d'écriture, etc. se sont ainsi régulièrement inscrits dans l'emploi du temps.

« Le domaine du style et du ton a toujours été ignoré de la "théorie" pédagogique, et c'est cependant la partie la plus importante et la plus essentielle de l'éducation collective », a écrit Makarenko, pédagogue russe, dans les années 1920. J'avais lu et relu cette phrase plusieurs fois : l'ouvrage dont elle est issue, *Poème pédagogique* (1936), est l'un de mes livres de chevet. L'expérience de L'Autre Collège m'a permis de prendre conscience que c'est l'une des choses les plus difficiles à obtenir et l'une des plus fragiles.

Au cours de la première année et au tout début de la deuxième, nous avons aussi accueilli plusieurs élèves dont le comportement était en décalage avec tout projet de scolarisation en collectivité. La difficulté de ces jeunes à respecter les règles minimales de notre projet, leur très faible mobilisation dans les apprentissages et leur incapacité à investir un projet dans la durée nous ont compliqué la tâche – même s'ils ont aussi eu le mérite de nous obliger à clarifier et à structurer le projet.

C'est là une situation courante : toutes les écoles alternatives qui se créent de toutes pièces (car la situation est différente quand on crée, par exemple, un collège dans la continuité d'une école primaire existante) doivent accepter des élèves avec des difficultés comportementales importantes la première année, faute d'autres candidats. Je le savais de façon théorique grâce à mes travaux, mais je n'avais jamais mesuré la difficulté que cela représentait au jour le jour avant de m'y atteler, et en cela, ce projet a aussi été très formateur pour la chercheuse que je suis.

À la fin de notre quatrième année de fonctionnement, quels sont les élèves qui rejoignent L'Autre Collège ? 10 % viennent de familles ayant fait le choix d'une scolarité alternative dès le début de la maternelle. Les autres élèves, pour des raisons très diverses, ne se sont pas sentis à l'aise dans le système classique, où s'écarter de la norme est difficile : maladie de longue durée, troubles divers (hyperactivité, phobie scolaire, autisme), rapidité d'esprit et centres d'intérêt non reconnus, apparence physique singulière, situation familiale difficile, handicap, homosexualité, transidentité, etc. Nombre d'entre eux, à cause de leur(s) singularité(s), ont été victimes de harcèlement. Pour eux, L'Autre Collège est un refuge. Pour nous, ils restent des jeunes comme les autres ; tous les enfants sont différents.

Quatre à six heures de travail académique par semaine

L'organisation du temps et des activités est du ressort des jeunes. Après avoir été modifiée à de nombreuses reprises, grâce à l'analyse collective des essais, à la prise en compte des propositions de tous, au cours de discussions animées, elle s'est progressivement stabilisée. Le collège ouvre à 9 h 00, et chaque journée commence, de 9 h 30 à 10 h 30, par une heure de travail académique (mathématiques, français, anglais, histoire-géographie, sciences...). De 12 h 00 à 13 h 00, c'est le conseil. Le reste de la journée est occupé par une alternance de projets collectifs (théâtre, journal, radio, menuiserie...), de projets individuels (couture, maquette, programmation...), d'ateliers de découverte (piano, aquarelle, écriture de nouvelles, critique de films, sciences...), de sorties et de rencontres.

Nous avons observé que cette organisation a donné à nos élèves des acquis académiques équivalents à ceux du système classique. Quelques-uns d'entre eux ont même, sur le plan scolaire, « gagné » plusieurs années en une seule. En témoigne le parcours de L., arrivée à 9 ans sans savoir poser une addition ni maîtriser la lecture fluide : un an plus tard, elle avait un niveau de CM1-CM2.

Ces observations doivent être considérées avec modestie car elles ne concernent qu'un nombre réduit d'élèves. C'est en gardant à l'esprit cette précaution méthodologique que je propose ici quelques facteurs d'analyse permettant de comprendre comment une organisation différente du temps scolaire, avec quatre à six heures par semaine consacrées aux apprentissages formels (et ce, sans devoirs à faire à la maison[21]) et un travail sur des projets le reste du temps, permet d'acquérir des savoirs et compétences académiques équivalents à ceux du système classique.

Premier élément : dans la plupart des matières, l'heure de travail formel du matin est très individualisée. Concrètement, chaque élève choisit dans son livret de compétences le point précis qu'il souhaite travailler, puis s'y engage à l'aide des outils d'apprentissage mis

21. Exception faite de la 3e, où, pour la préparation du brevet, une ou deux heures de travail personnel par semaine sont conseillées, à réaliser soit au collège, soit à la maison.

à sa disposition. Chacun travaille donc uniquement les compétences dont il a besoin et progresse à son rythme. Certains avancent très rapidement; d'autres ont besoin de davantage de temps. C'est un changement important par rapport à une gestion de classe dans laquelle on présente à tous les élèves les mêmes contenus et les mêmes exercices, à effectuer dans les mêmes délais.

Pouvoir choisir son travail, ou, du moins, décider de l'ordre dans lequel on effectue un ensemble de tâches, c'est aussi très motivant. Au lieu d'exécuter une suite de consignes, les élèves deviennent acteurs. Célestin Freinet, qui avait listé les principes essentiels d'une classe active, en avait fait son « invariant n° 7 » : « Chacun aime choisir son travail, même si ce choix n'est pas avantageux. Nul n'aime tourner à vide, agir en robot, c'est-à-dire faire des actes, se plier à des pensées qui sont inscrites dans des mécaniques auxquelles il ne participe pas[22]. » Et la motivation est un moteur essentiel de l'investissement dans les tâches scolaires[23].

Dans ce contexte, le rôle des adultes se transforme : ils ne sont plus présents pour dire « quoi faire » mais pour aider chacun en fonction de ses besoins et pour maintenir une ambiance de travail (rappeler la nécessité de parler à voix basse, résoudre les problèmes techniques, etc.). La participation des parents et l'investissement des bénévoles[24] permettent d'avoir au moins deux ou trois adultes présents chaque matin et

22. Freinet (Célestin), « Les invariants pédagogiques », dans *Œuvres complètes*, tome 2, Le Seuil, 1964, p. 383.
23. Viau (Rolland), *La Motivation en contexte scolaire*, De Boeck, 2009.
24. En complément de la présence, depuis le début de la deuxième année, d'un coordinateur pédagogique salarié.

donc de pouvoir aider immédiatement tout jeune qui en a besoin. C'est là un gage d'efficacité par rapport à ce qui se pratique dans une classe standard.

Le tutorat prend une place importante. Chaque jour, au moins un ou deux élèves partagent spontanément leurs connaissances avec un camarade qui en a manifesté le besoin. C'est évidemment utile à l'élève aidé. Les tuteurs, eux, consolident leurs acquis bien plus efficacement qu'avec n'importe quelle forme de révision scolaire, puisqu'en aidant, ils doivent réactiver leurs connaissances et mettre en mots ce qu'ils ont construit mentalement[25].

Les jeunes choisissent souvent de travailler à deux ou trois sur la même notion. Cette modalité de travail développe l'entraide et la motivation et permet d'apprendre plus efficacement parce que les désaccords (« Là, il faut mettre un "s"... », « Mais non... », « Mais si, parce que... ») les conduisent à faire évoluer leurs conceptions initiales. En sciences de l'éducation, c'est ce que l'on appelle un conflit cognitif : lorsqu'apparaît, chez un individu, une contradiction ou une incompatibilité entre ses idées, représentations ou actions et celles des autres[26].

En mettant ainsi en place des temps de travail individualisé, nous n'avons rien inventé d'original : cette pratique existe depuis plus d'un siècle dans les classes à pédagogie nouvelle, Montessori ou Freinet. Mais nous avons adapté ces principes au contexte d'une

25. Connac (Sylvain), *Impacts éducatifs de la coopération sur les apprentissages*, réseau EdCan, 12 janvier 2011. En ligne : https://www.edcan.ca/articles/impacts-educatifs-de-la-cooperation-sur-les-apprentissages/?lang=fr.
26. CRESAS, *On n'apprend pas tout seul : interactions sociales et construction des savoirs*, ESF, Paris, 1987.

petite classe multi-âge du secondaire et, surtout, nous avons fabriqué des outils spécifiques dans ce but.

L'une des ressources que nous avons conçues et mises à la disposition des jeunes est un livret d'une trentaine de pages listant l'ensemble des points à maîtriser du CM2 à la 3e [27].

En complément des compétences et connaissances du socle commun défini par le ministère (savoir s'exprimer aisément, à l'oral et à l'écrit, par exemple) et des compléments que nous jugeons indispensables pour former des adultes capables d'exercer pleinement une citoyenneté critique et avisée (coopération, travail en équipe, communication, capacité à résoudre les conflits sans agressivité…), nous avons ajouté, pour chaque année scolaire (6e, 5e, etc.) les points du programme qu'il faut maîtriser pour être à l'aise au lycée et/ou dans la classe supérieure dans le cas où un élève nous quitterait en cours de scolarité. Par exemple, dans le programme de mathématiques de 5e, il faut avoir abordé la notion de racine carrée pour pouvoir, en 4e, étudier le théorème de Pythagore. En revanche, la définition et les propriétés du parallélogramme ou l'étude des angles alternes-internes n'étant pas utiles pour suivre les programmes de 4e, 3e et 2de [28], elles ne sont pas répertoriées dans ce livret. Le même tri a été effectué pour les programmes de toutes les disciplines.

27. Nous reprenons certains des principes des ceintures de compétences de la pédagogie institutionnelle ainsi que des badges de compétences qui se développent depuis quelques années dans le secondaire.

28. Elles seront certes utiles à ceux qui choisiront la spécialité mathématiques à partir de la 1re, mais, à ce moment-là, ces points leur seront de toute façon rappelés, car la majorité d'entre eux les aura oubliés.

Cette sélection a pour but d'aider les élèves à prioriser leurs investissements, sur le même mode que ce qu'avait proposé Célestin Freinet dès 1937 dans sa « grammaire en quatre pages[29] ». Cela ne signifie pas que les autres contenus présents dans les programmes scolaires classiques sont inintéressants, loin de là. Mais les programmes constituent un choix arbitraire dans l'immensité des savoirs possibles : pourquoi apprendre le nom des figures de style en français (le chiasme, l'oxymore ou l'antiphrase...) ou la maîtrise du subjonctif, mais pas à soigner une blessure ou les bases du droit civil ? À nos yeux, dans le monde actuel, où l'information est accessible à tous en quelques clics, le plus important n'est pas l'accumulation de connaissances ; c'est la capacité à savoir où et comment rechercher les informations, à les comparer et à les synthétiser. Notre projet n'est pas non plus de réduire les apprentissages à l'école à l'acquisition d'une somme de compétences « utiles[30] », bien au contraire : sa fonction première, essentielle, est d'apprendre à penser et à vivre ensemble ; c'est le sens même de notre projet.

Ce livret de compétences permet à chaque élève de disposer d'un repère précis : il sait exactement ce qu'il maîtrise (les cases sont cochées au fur et à mesure des acquisitions) et ce qu'il doit travailler. Il peut se fixer des objectifs concrets d'acquisitions et mesurer ses progrès.

29. Freinet (Célestin), *Grammaire française en quatre pages*, Brochures d'Éducation nouvelle populaire, n° 2, octobre 1937.
30. Voir, par exemple, l'entretien croisé avec Philippe Meirieu et Marcel Gauchet, « Contre l'idéologie de la compétence, l'éducation doit apprendre à penser », *Le Monde*, 2 septembre 2011.

Des outils d'apprentissage en autonomie

Le travail en autonomie des élèves suppose qu'ils aient à leur disposition des supports d'apprentissage adaptés.

Nous avions cru, en lançant ce projet de collège, qu'Internet était un formidable moyen d'apprendre pour les adolescents. Nous en avons constaté les limites : ils cliquent sur le premier lien proposé par leur moteur de recherche et ne portent aucun regard critique sur les données ainsi recueillies... qu'ils peuvent, en revanche, passer un long moment à recopier telles quelles. Ils sont perdus face à l'immensité du Web, y perdent un temps considérable et se découragent.

Nous n'avons pas trouvé d'outils qui nous conviennent dans les manuels, scolaires ou parascolaires, ni parmi les autres outils existants pour l'enseignement secondaire. Quant aux sites d'apprentissage en ligne, ils comportent, eux aussi, leurs limites, et nous ne souhaitions pas que nos élèves soient en permanence face à un écran.

Ces constats nous ont conduits à fabriquer nous-mêmes un matériel d'apprentissage en autonomie, composé, pour chaque compétence, d'une sorte de kit comprenant une fiche d'explication et plusieurs activités, le tout étant rangé dans des classeurs en libre accès.

Nous l'avons conçu en nous appuyant sur les pratiques ayant apporté pragmatiquement la preuve de leur efficacité dans les classes de pédagogie nouvelle (notons qu'en primaire, la fabrication d'outils de ce type est une tradition ancienne). Le matériel que nous avons mis au point présente plusieurs spécificités.

1. Une simplicité d'utilisation

Dans la majorité des supports existants, les explications sont longues et difficiles à comprendre. Parfois, plusieurs notions sont mélangées ou présentées ensemble. L'utilisation d'un vocabulaire abstrait les rend souvent complexes. Célestin Freinet a donné le nom de scolastique à cette façon particulière qu'a l'école de « déformer et compliquer à tel point toutes choses[31] ».

Notre projet a donc d'abord été de faire simple. Et, pour cela, de décomposer les tâches et de ne présenter qu'une difficulté à la fois. Ce principe était déjà l'un des fondements du matériel d'apprentissage conçu par Jean Itard au début du 19e siècle et repris par Maria Montessori. À titre d'exemple: dans une maternelle Montessori, des cylindres de tailles croissantes à ranger du plus petit au plus grand sont tous de la même couleur pour que l'enfant se concentre sur leur taille. S'il s'agit, au contraire, de s'exercer à classer des couleurs, les morceaux ont tous la même taille et la même forme. Ce principe peut s'appliquer à tous les enseignements et à tous les niveaux scolaires: lorsque la difficulté est isolée, l'élève peut se concentrer sur elle.

---

31. Freinet (Célestin), « Comment déceler et éviter la scolastique », *L'Éducateur*, n° 3, novembre 1948.

Sur les fiches que nous avons réalisées, les explications fournies sont aussi volontairement très courtes (et remplacées ou complétées, autant que possible, par des dessins, des schémas, ou par des vidéos de quelques minutes accessibles avec un QR code). Elles utilisent des termes aussi simples que possible, en évitant tout verbiage dont la signification n'est pas immédiatement compréhensible, toute définition abstraite donnée au préalable.

En outre, chaque élève a un mode d'apprentissage qui lui est propre (visuel, auditif...), même si la majorité des gens ont plusieurs modes d'apprentissage; et l'on retient mieux quand on est confronté à un texte avec une image plutôt qu'à un texte seul. Utiliser conjointement textes, schémas et vidéos est donc un gage de réussite du plus grand nombre.

2. Des supports variés privilégiant la manipulation

Les supports de la forme scolaire classique demandent beaucoup d'écrit car ils sont conçus pour des élèves qu'il faut maintenir cinq ou six heures par jour immobiles: l'écrit occupe et permet le contrôle du travail effectué. Pourtant, pour nombre d'élèves, tout long travail écrit engendre de l'ennui et donc un décrochage (j'écris mais, dans ma tête, je pense à autre chose...). Il donne une apparence de travail alors que, sur le plan cognitif, il est contre-productif. En outre, écrire prend beaucoup de temps… un temps qui pourrait être utilisé plus efficacement.

Nous avons donc conçu un matériel comportant peu d'écrit, que ce soit dans les explications ou dans le travail à réaliser, au profit de l'observation et de la manipulation. En mathématiques, *via* un matériel spécifique, la manipulation aide à représenter concrètement les concepts abstraits et permet d'apprendre avec tous les sens, tout le corps. Dans l'ensemble des disciplines, nous utilisons beaucoup de cartes plastifiées comportant des informations qu'il faut regrouper (par exemple, former des paires entre des documents historiques et des dates, en s'appuyant sur des prises d'indices dans les documents, ou entre des calculs et des résultats), ce qui favorise une démarche d'essai-erreur-ajustement. L'élève peut tenter, et recommencer plusieurs fois, sans jamais que l'erreur soit pénalisée.

Chaque kit comprend un ou plusieurs jeux d'apprentissage, dont on sait qu'ils sont motivants et favorisent l'investissement dans l'activité, et qu'ils permettent d'associer l'apprentissage à des émotions positives, donnant ainsi aux élèves plus de chances de retenir ce qu'ils ont appris. Proposer des supports variés permet aussi de renouveler l'intérêt, alors que des tâches trop répétitives engendrent un sentiment d'ennui.

Précisons que les jeunes ont, par ailleurs, de nombreuses occasions d'écrire dans des situations de communication vraies : articles pour le journal, écriture de pièces de théâtre, chansons de l'activité slam, textes pour l'atelier radio…

3. Des outils autocorrectifs

Avec les outils d'apprentissage classiques, bon nombre d'exercices d'entraînement ont pour effet d'ancrer des représentations erronées. L'élève doit réaliser une série de tâches (par exemple, dans un travail en anglais sur le prétérit, il lui faudra mettre au passé un lot entier de phrases), mais s'il se trompe, s'il ne sait pas faire, c'est l'erreur (ici, une mauvaise formulation ; en mathématiques, une formule erronée), qui va devenir un automatisme, puisqu'elle sera répétée x fois.

On sait, en revanche, qu'un *feed-back* immédiat, neutre et centré sur la tâche[32] est l'un des facteurs d'efficacité des apprentissages. Cela nous a amenés à fabriquer de très nombreux lots de cartes autocorrectives. Il s'agit de fiches bristol de format carte à jouer, comportant une question (ou une tâche à effectuer, un calcul, une conjugaison...), d'un côté, et la réponse, de l'autre, centrées sur des compétences précises : par exemple, un lot de cartes portera uniquement sur l'addition de fractions, avec plusieurs niveaux de difficulté ; un autre sur la soustraction de fractions, avec la même graduation, etc. À chaque carte, l'élève voit si sa réponse est adéquate et peut réajuster ses connaissances.

De façon plus générale, notre matériel est autant que possible autocorrectif. Il existe aussi un test pour chaque compétence, que l'élève passe au moment où il s'y sent prêt et qu'il peut recommencer autant de fois qu'il le souhaite.

32. Bosc-Miné (Christelle), « Caractéristiques et fonctions des feed-back dans les apprentissages », *L'Année psychologique*, vol. 114, n° 2, 2014, p. 315-353.

La réalisation de ce matériel s'est faite progressivement et n'est pas terminée. Nous avions commencé par le construire pour quelques compétences, et son succès auprès des élèves nous a surpris : « Je me sens normale, je me sens comme les autres dans les collèges normaux, parce que, moi aussi, je travaille sur les angles obtus et tous ces trucs-là. Et, en plus, comme je fais ça en vingt minutes et pas en trois semaines, que ça va vite et que je comprends facilement, je me sens super-forte », explique, par exemple, une élève dans un bilan à la fin de la première année. Cela m'a permis de comprendre à quel point la satisfaction du « besoin de normalité » était essentielle pour les adolescents des écoles alternatives. J'ai aussi mesuré à quel point ils appréciaient de choisir leur travail, de travailler seuls, de se voir progresser (le bonheur de cocher les cases sur la liste de compétences !) et de se sentir en réussite. J'ai constaté qu'ils pouvaient travailler très vite si le support proposé était bien conçu. Et, enfin, j'ai constaté à quel point « faire les programmes », fût-ce à raison d'une heure par jour, était rassurant pour eux – et pour nous !

C'est donc en constatant que les élèves s'emparaient de nos outils, en analysant ce qui fonctionnait et ce qui était à modifier que nous avons peu à peu fait évoluer ces outils vers leur forme actuelle.

Si ce matériel, dans sa forme globale et sa conception, est notre propre création, en revanche, nous utilisons dans les activités proposées un grand nombre de ressources mises à disposition en ligne par d'autres enseignants. Sans les jeux sérieux, les trouvailles, les idées, les vidéos, l'inspiration des innombrables collègues qui partagent leurs activités pédagogiques, notre projet n'aurait pu aboutir.

L'articulation entre travail formel et travail en projets pluridisciplinaires

Une autre explication peut être donnée au fait que cinq à six heures hebdomadaires de travail formel soient suffisantes : c'est l'implication importante des élèves dans les autres temps d'apprentissages. Des temps consacrés au théâtre, à la programmation, à la préparation d'exposés ou à des recherches libres, à des projets « radio » et « journal », à la réalisation de petits films, aux arts plastiques, à la couture, à des visites de musées...

Ainsi, dans le cas du français, les jeunes travaillent les aspects académiques (orthographe, conjugaison, méthodologie de la rédaction...) une heure par semaine. Mais ils sont amenés à lire et à écrire à beaucoup d'autres moments de la semaine. En trois ans, ils ont écrit, puis mis en scène, quatre pièces de théâtre de leur cru, et ont joué des extraits du répertoire classique, comme *Roméo et Juliette*. Dans l'atelier « slam », ils ont écrit de nombreuses chansons, et dans l'atelier « journal », des articles, des reportages ou des interviews. Pour réaliser leurs émissions de radio et leurs films, il leur a fallu écrire des scripts.

Autre exemple des apprentissages réalisés lors d'un travail en projet : au printemps 2021, les jeunes ont réalisé un film documentaire consacré à une ancienne « enfant cachée » de la Seconde Guerre mondiale. Ils ont filmé une déambulation de cette vieille dame dans le 20e arrondissement de Paris, sur les lieux où des voisins l'avaient cachée, ce qui lui avait permis d'échapper à la rafle du Vél' d'hiv'. Ce projet, mené en partenariat avec le Mémorial de la Shoah, a conduit les élèves à se documenter sur cette période historique à travers des lectures et le visionnage de films, et à participer à plusieurs rencontres, notamment celles d'Élie Buzyn, rescapé des camps de concentration, et de la fille d'une résistante. Ils ont appris à utiliser du matériel professionnel (caméra, perches-son...), ils ont organisé et effectué le tournage, et ont contribué au montage avec l'aide d'une professeure de cinéma bénévole au collège. Enfin, la présentation de leur travail lors d'une projection publique a été l'occasion de prendre la parole devant des inconnus.

Permettre aux jeunes d'être efficaces dans les temps de travail formel, et donc de pouvoir y consacrer un tout petit nombre d'heures hebdomadaires, c'est, par ricochet, leur donner le temps de s'investir dans les projets pluridisciplinaires qui les motivent. Lors de ces activités, ils acquièrent quantité de savoir-faire transversaux (s'exprimer clairement à l'oral et à l'écrit, trier des informations, organiser ses idées, argumenter...), une méthode de travail et des compétences exécutives (comme être capable de réajuster sa stratégie en cas d'erreur, d'aller au bout de ce que l'on fait ou de rester concentré sur une tâche)[33]. Et ce sont précisément ces compétences qui leur permettent d'être efficaces dans leur travail académique.

Enfin, nous avons constaté que, ayant le sentiment qu'ils doivent travailler « une heure seulement » (à leurs yeux, le reste de la journée, ce n'est pas du « travail »), les élèves s'investissent davantage durant ce temps-là. Il en est du travail comme de la randonnée ou de la course à pied : on n'engage pas la même énergie quand on se lance pour un sprint ou pour un marathon. On ne travaille pas avec la même volonté et la même concentration quand on sait que cela durera seulement une heure et quand on doit s'économiser pour tenir une journée entière. Cela contribue aussi à maximiser l'efficacité de ce temps.

Observer, accompagner, plutôt que guider

La conception de ce matériel m'a aussi permis, en tant que chercheuse, d'observer attentivement quelles stratégies d'apprentissage les élèves déployaient spontanément.

33. Ce constat n'est évidemment pas propre à L'Autre Collège : toutes les écoles différentes bâties sur des projets pluridisciplinaires, d'un travail autonome, d'un fonctionnement démocratique, etc. comme l'école Vitruve, l'école de La Neuville ou le lycée expérimental de Saint-Nazaire, pour ne citer que quelques exemples que je connais bien, aboutissent à des constats similaires.

Je prendrai ici un seul exemple. En mathématiques, la forme scolaire classique suppose qu'après avoir appris un savoir nouveau (diviser des fractions ou calculer une longueur avec Thalès...), on réalise de nombreux exercices qui ancrent les connaissances. Lors de notre deuxième année de fonctionnement, deux élèves de 4e n'ont pas voulu écrire quoi que ce soit dans leur cahier (« Je m'en souviens dans ma tête ») ni faire plus qu'un ou deux exercices sur chaque point (« Je ne vois pas l'intérêt de m'entraîner davantage. J'ai compris, ça me suffit. »). Ils voulaient « avancer ».

À un tel rythme, en décembre, ils avaient fini le programme de 4e, et fin mars, celui de 3e. Ils se sont alors confrontés à un brevet « blanc »... et ont constaté qu'ils étaient incapables de résoudre la majorité des exercices, parce qu'ils avaient oublié une grande partie de ce qu'ils avaient vu. « Ah, ils vont enfin comprendre que nous avions raison », ai-je pensé. J'ai alors observé qu'ils ont été capables de retrouver rapidement les connaissances qu'ils avaient déjà étudiées. Ils se sont mutuellement expliqué les points clés, comme la trigonométrie, ce qui a contribué à ancrer ces connaissances. Ils ont fait des exercices et rédigé quelques fiches de révisions, mais beaucoup moins que dans un fonctionnement classique.

Ils ont travaillé de la même façon les programmes d'histoire-géographie : d'abord, en parcourant l'ensemble des connaissances à acquérir sans chercher à les mémoriser, puis en revenant ensuite sur chaque chapitre. Inscrits au brevet en candidats libres, « pour voir », ces deux élèves l'ont obtenu, avec mention, à la fin de leur année théorique de 4e.

Au final, ils ont adopté naturellement ce que l'on appelle en sciences de l'éducation une « progression spiralaire », par opposition au fonctionnement linéaire habituel : un cursus récurrent, dans lequel un point est abordé à différents moments pour l'éclairer et l'approfondir de façon différente à chaque fois. Bruner en soulignait déjà l'intérêt en 1960 : « Les *curricula* devraient être établis de façon spiralaire en sorte que les élèves construisent de façon régulière sur ce qu'ils ont déjà appris. La métaphore de la spirale signifie qu'apprendre est un processus continu qui suppose une reprise constante de ce qui est déjà acquis et une complexification progressive. La progression linéaire est impropre à exprimer que pour apprendre, les retours sur le déjà-vu sont nécessaires pour aller plus loin[34]. »

Cet exemple montre que lorsqu'on laisse les jeunes prendre en main leurs apprentissages, à partir d'un matériel et d'outils clairs, ils sont capables de trouver par eux-mêmes des stratégies d'apprentissage différentes, et plus efficaces que celles que nous pourrions imaginer pour eux. Au lieu de se comporter de façon « passive » face aux savoirs, ils ont été sans cesse proactifs. Si nous étions intervenus pour leur conseiller un autre mode de fonctionnement, sans respecter le leur, cela n'aurait pas été possible. Si nous leur avions imposé de prendre des notes et de faire les exercices, nous les aurions empêchés de trouver la méthode la plus efficace pour eux.

---

34. Bruner (Jérôme), « The Process of Education », Cambridge, Harvard University Press,1960, cité dans Éduscol, Comment reconnaître une progression spiralaire en arts plastiques ?, en ligne : https://cache.media.eduscol.education.fr/file/Arts_plastiques/29/7/6_RA_C4_AP_Comment_reconnaitre_une_progressionspiralaire_567297.pdf.

C'est donc bien en les suivant, et non en les guidant ou en les devançant, que nous les avons soutenus dans leurs apprentissages. Cela montre l'importance de prendre au sérieux les choix des élèves en matière d'apprentissage, en faisant fi de toute idée préconçue de « comment cela doit être », plutôt que de vouloir amener les jeunes vers ce que *nous* pensons être le plus adéquat pour eux.

Ouvrir la « boîte noire » des apprentissages fondamentaux

Dans beaucoup de collèges et lycées alternatifs où j'ai enquêté[35], les dispositifs innovants concernaient essentiellement la relation établie avec les élèves (dialogue, respect...), le bien-être et l'épanouissement (développement de la confiance en soi, par exemple), et l'organisation générale de l'école (emploi du temps, remplacement du groupe en classe unique par des groupes en fonction de leurs besoins...). Lors des entretiens, les enseignants parlaient longuement de dispositifs tels que les ateliers « théâtre » ou le projet « journal », mais très peu des apprentissages fondamentaux.

35. Viaud (Marie-Laure), *Des collèges et lycées différents*, Presses universitaires de France, Paris, 2005. Viaud (Marie-Laure), *Montessori, Freinet, Steiner... Une école différente pour mon enfant ?*, Nathan, 2008.

Je me souviens d'une école où j'avais passé une semaine d'immersion dans les années 2000. Le travail mené, concernant la vie démocratique, l'expression libre, la responsabilisation, la prise d'initiatives, la créativité des jeunes, m'avait beaucoup impressionnée. Mais quand j'avais posé la question de l'enseignement de l'histoire, du français ou des mathématiques pour les collégiens, la réponse avait été laconique: « Oh, ça... Ils ont des cours du CNED. »

J'ai fait le même constat entre 2017 et 2020 dans des écoles démocratiques de type Sudbury. L'énergie des adultes était investie dans l'organisation de la vie démocratique et dans la régulation des comportements, mais ils ne se préoccupaient pas de la façon d'apprendre à orthographier correctement un texte ou à écrire un e-mail lisible en anglais – et encore moins de la composition des atomes ou du théorème de Pythagore. Lorsque les élèves souhaitaient réaliser ces apprentissages, ils utilisaient des manuels scolaires... ou la première vidéo trouvée sur Internet. Ils se retrouvaient donc face à des méthodes classiques, très peu efficaces, et se décourageaient.

Les collèges et lycées alternatifs qui préparent leurs élèves aux examens (brevet, bac) conservent une forme scolaire en partie classique, fondée sur le découpage en classes et en disciplines, et sur le suivi des programmes, faute d'avoir investi la question du rapport aux savoirs des élèves[36]. Dans ces structures, les enseignants exercent une autorité fondée sur l'adhésion, plutôt que sur la contrainte; l'existence

36. Hugon (Marie-Laure) et Robbes (Bruno), *Des innovations pédagogiques et éducatives en réponse à la crise de l'école*, Arras : Artois Presses Université, 2015.

d'ateliers, de temps de projets ou d'options permet de rythmer le temps scolaire en évitant la monotonie ; les élèves bénéficient d'un suivi individualisé. Mais les apprentissages académiques restant fondés sur une forme classique, ils continuent à occuper la majorité du temps scolaire.

Il est donc essentiel de se pencher sur la « boîte noire » des apprentissages formels. Cette position est aussi celle d'une partie des enseignants du mouvement Freinet, comme Marcel Thorel, l'ancien directeur de l'école Freinet de Mons-en-Barœul : « Il ne fallait surtout pas poser la question de la manière dont nos élèves allaient acquérir telle ou telle technique opératoire. C'était un sacrilège. Ce n'était pas de cela qu'on parlait dans le mouvement Freinet. On parlait d'expression, etc.[37]. »

Cette difficulté ou cette réticence à investir la question du rapport aux savoirs scolaires des élèves tient peut-être au fait que la forme actuelle de l'enseignement nous est tellement familière qu'elle semble aller de soi. Elle correspond pourtant à un mode socio-historique de transmission particulier, auquel Guy Vincent a donné le nom de « forme scolaire[38] ». Pour ce chercheur, la forme scolaire, apparue en Occident entre le 16e et le 18e siècle, est d'abord fondée sur la constitution d'un lieu scolaire distinct (« L'enfant ne peut plus vagabonder dans les rues ni même se mêler aux activités adultes. Il est [...] "enfermé" dans

37. Entretien avec Danielle Thorel, Marcel Thorel et Michel Marciniak, Arras, 2018 (document à diffusion restreinte).
38. Vincent (Guy), Lahire (Bernard) et Thin (Daniel), « Sur l'histoire et la théorie de la forme scolaire », dans Vincent (Guy) (dir.), *L'Éducation prisonnière de la forme scolaire*, Presses universitaires de Lyon, 1994.

les murs de l'école. »), sur une organisation réglée du temps (« un temps si soigneusement réglé qu'il ne peut laisser aucune place à un mouvement imprévu ») et sur l'importance de règles constitutives de l'ordre scolaire (« [L'écolier] doit se déplacer en rang, a un emploi du temps strict et doit obéir aux règles affichées sur les murs de la classe dont la première est la règle du silence[39] »). Elle se caractérise aussi, sur le plan des apprentissages, par une forme inédite de relation sociale, celle du maître et de l'écolier (« [L'enfant] est privé des autres activités de la vie sociale auxquelles auparavant il était justement, systématiquement, pour ainsi dire,mêlé puisqu'il s'agissait d'apprendre avec, d'apprendre en voyant faire mais aussi en faisant avec »), sur la prédominance de l'écrit (par opposition à la place de l'oral dans les autres modèles de transmission) et sur « la multiplication et la répétition d'exercices n'ayant d'autres fonctions que d'apprendre et d'apprendre selon les règles ou, autrement dit, ayant pour fin leur propre fin ».

Ce détour par l'analyse de Guy Vincent peut sembler long, mais il est important, parce que L'Autre Collège essaie précisément d'imaginer une forme scolaire fondée sur un autre paradigme. En ouvrant l'école sur le monde, plutôt que de l'en séparer artificiellement. En laissant aux élèves la responsabilité de l'organisation de leur temps scolaire et des règles qui le régissent, plutôt que de les enserrer dans ces étaux. En les mêlant à la vie sociale et en privilégiant l'apprentissage *via* l'observation, la pratique et les échanges, plutôt qu'en

39. Vincent (Guy), Courtebras (Bernard) et Reuter (Yves), « La forme scolaire : débats et mises au point. Entretien de Guy Vincent avec Bernard Courtebras et Yves Reuter », *Recherches en didactiques*, n° 13, 2012/1, p. 109-135.

les coupant de ces possibilités au profit d'abstractions, du travail écrit et d'exercices décontextualisés.

***

L'expérience de L'Autre Collège commence tout juste, et il n'a été possible ici que d'en présenter un petit nombre d'aspects.

Elle montre au moins quatre choses :

– Le lien étroit entre terrain, recherche et expérimentation, dans de constants allers-retours entre théorie et pratique, permet la compréhension en profondeur des réalités que l'on étudie.

– La prise en compte des acquis des recherches sur les apprentissages et l'utilisation d'un matériel de travail adéquat favorisant le travail en autonomie permet de rentabiliser au mieux le temps consacré aux apprentissages académiques et dégage ainsi du temps pour rêver, créer et agir collectivement.

– La prise en considération de la parole des adolescents met au jour leur capacité à définir eux-mêmes le modèle de collège dans lequel ils souhaitent étudier.

– Dans ce contexte scolaire et éducatif, s'engager avec les adolescents dans cette direction contribue à former ces citoyens dont le monde a besoin : actifs, critiques, confiants en eux-mêmes, capables de s'investir pleinement dans les décisions qui les concernent.

Partie 5

Comment faire évoluer le système scolaire ? En semant des graines !

On connaît depuis longtemps les pratiques scolaires les plus efficaces. Déjà au 16e siècle, Montaigne en avait établi les principes essentiels : la priorité donnée à la compréhension et à la réflexion plutôt qu'à la mémorisation (« faire plutôt la tête bien faite que bien pleine »), une pédagogie active (« rechercher l'instruction moins dans les livres que dans la compagnie des hommes et dans l'observation des choses »), développant l'initiative des élèves, préférant la douceur à la contrainte. Depuis, une importante littérature, issue de la recherche en éducation, y a été consacrée.

Mais comment favoriser l'essaimage de telles démarches pédagogiques ? Comment, aujourd'hui, sur une planète dont l'avenir dépend des décisions cruciales qui seront prises dans les quelques années à venir, permettre à tous les jeunes de disposer des outils intellectuels nécessaires à l'exercice d'une citoyenneté critique ?

L'échec des innombrables réformes *top-down*

Une chose est sûre : on ne peut pas imposer aux enseignants une réforme contre leur gré. Les réformes *top-down*, c'est-à-dire imposées de façon hiérarchique et verticale par l'institution, constituent le mode de gouvernance usuel des ministres de l'Éducation, comme l'illustrent la réforme du collège de 2015 ou la réforme du lycée de 2018. Pourtant, les innombrables tentatives de réforme de l'Éducation nationale qui se sont succédé depuis plus de trente ans ont largement démontré leur inefficacité.

Un tel pilotage vertical, visant une application uniforme des décisions à l'ensemble du système, ne prend pas en compte la diversité des conditions d'exercice des équipes, les contextes réels et les difficultés d'application, souvent très éloignées de ce qu'imaginent les décideurs. Il suscite le désarroi, le mal-être et la colère des enseignants, qui se sentent considérés comme de simples exécutants. Lorsque les réformes se succèdent rapidement, les enseignants sont exaspérés de devoir perdre du temps et de l'énergie pour appliquer des décisions auxquelles ils ne voient pas d'autre sens que l'obéissance à la prescription, et ce d'autant plus qu'il s'agit généralement de pratiques qui n'ont été ni expérimentées ni évaluées, sans prise en compte sérieuse de l'expérience des pays étrangers et des apports des sciences de l'éducation.

Les acteurs adoptent alors des stratégies de résistance passive, dont la première consiste en une grande inertie : continuer, autant que possible, à faire comme avant[1]. Le plus souvent, le ministre suivant abolit la réforme en question, ce qui lui permet d'être considéré comme un « sauveur » (au moins jusqu'au moment où, à son tour, il met en place « sa » réforme !). Xavier Darcos avait mis en place la semaine de quatre jours en 2008 : Vincent Peillon a annoncé revenir dessus dès le lendemain de sa prise de fonction (mai 2012). Najat Vallaud-Belkacem avait instauré la réforme du collège en 2015 : dès son arrivée au ministère, en mai

1. Viaud (Marie-Laure), *Les Innovateurs silencieux. Histoire des pratiques d'enseignement à l'université depuis 1950*, PUG, 2015.

2017, Jean-Michel Blanquer l'a supprimée. Et ainsi de suite. Dans les premiers cycles universitaires, la réforme Jospin/Lang de 1992 a été remplacée par la réforme Bayrou de 1997, elle-même en partie suspendue dès 1998 par son successeur, Claude Allègre... Bref: « Les réformes entrent alors en vigueur, mais ne changent rien[2]. »

Les réformes libérales : vers des pédagogies directives

Si l'on renonce à toute réforme globale imposée verticalement, au motif que cela épuise les enseignants sans modifier en profondeur le système, une autre voie s'ouvre pour transformer le système éducatif: accepter l'idée qu'une diversité éducative est indispensable et que les changements en éducation ne peuvent venir que de la base (ce qu'on appelle une réforme *bottom-up*, par opposition au modèle *top-down*).

Une option, souvent présentée comme étant la seule qui aille à contre-courant du modèle centralisateur français, consisterait à donner une grande liberté aux établissements pour permettre la mise en

2. Perrenoud (Philippe), « Le pilotage négocié du changement dans les systèmes éducatifs », dans Lurin (Jacqueline) et Nidegger (Christian) (dir.), *Expertise et décisions dans les politiques de l'enseignement*, Genève, Service de la recherche en éducation, Cahier n° 3, 1999, p. 88-103.

place d'une variété de pratiques, tout en supprimant la carte scolaire et la sectorisation pour laisser aux familles le libre choix de leur école. C'est le choix qui a été celui, par exemple, de la Belgique, de la Grande-Bretagne, de la Suède et des États-Unis ; c'est aussi celui dont Emmanuel Macron a dit s'inspirer, au printemps 2022, pour « l'école du futur » mise en place à Marseille. Pourtant, dans tous les pays où ce choix a été fait, le constat a été le même : cela n'a pas conduit à des changements profonds dans les pratiques en classe[3].

Ainsi, les *charter schools* américaines ou suédoises ou les *free schools* britanniques sont des écoles financées par l'argent public, qui bénéficient d'une large autonomie dans l'enseignement et dans les programmes en contrepartie d'une obligation de résultats. Les recherches universitaires ont montré que la majorité de ces écoles ont mis en place des pédagogies très directives. Tout d'abord, parce que la survie de l'école dépend du taux de réussite des élèves à des tests standardisés : cela favorise les pratiques de bachotage et d'entraînement systématique à la passation de tests, au détriment d'autres apprentissages, et accroît la pression exercée sur les élèves et sur les enseignants[4]. Ensuite, parce que les parents, lorsqu'ils ont le choix de l'école, sont souvent attachés aux modèles pédagogiques les plus traditionnels[5]. Enfin, parce que les enseignants et les cadres intermédiaires

---

3. Rey (Olivier), « Décentralisation et politiques éducatives », *Dossier de veille de l'IFÉ*, n° 83, avril 2013, ENS de Lyon.
4. Muller (François) et Normand (Romuald), *École : la grande transformation ? Les clés de la réussite*, ESF, 2013, p. 14.
5. Dupriez (Vincent), *Peut-on réformer l'école ? Approches organisationnelle et institutionnelle du changement pédagogique*, De Boeck, Louvain-la-Neuve, 2015.

méconnaissent largement les apports et les intérêts des recherches en éducation.

Il ne suffit donc pas de donner davantage de liberté aux acteurs du système éducatif, au risque de la reconduction de l'existant, voire d'un retour en arrière. Que faire, alors ?

L'importance de la formation, en particulier celle des cadres intermédiaires

Une première piste pour faire évoluer favorablement le système serait de former mieux, et plus, les personnels de l'enseignement, et en particulier de les former aux pratiques nouvelles. On sait, en effet, que le fait qu'ils soient très peu et très mal formés – comme c'est le cas aujourd'hui en France – contribue à ce que les enseignants reproduisent la forme scolaire qu'ils ont eux-mêmes connue en tant qu'élèves. Une étude récente du ministère de l'Éducation nationale a montré que la majorité des enseignants de collège « plébiscitent un mode d'enseignement caractérisé par une démarche directe, structurée et fortement guidée[6] »,

---

6. Premiers résultats de l'enquête sur les pratiques d'enseignement des professeurs des écoles, EPODE, en 2018, en ligne : https://www.education.gouv.fr/premiers-resultats-de-l-enquete- sur-les-pratiques-d-enseignement-epode-en-2018-au-college-305057, site consulté le 3 octobre 2021.

autrement dit une pédagogie traditionnelle, notamment parce qu'ils se sentent peu formés et peu compétents pour s'engager dans des pratiques autres. Ainsi, moins du quart d'entre eux affirment se sentir *capables* d'aider les élèves à développer leur esprit critique[7] !

Au contraire, quand existe une formation solide, on observe un engagement accru dans des pratiques nouvelles. Ainsi, en République tchèque, le fait que les enseignants en formation puissent choisir de se spécialiser dans les pédagogies alternatives a contribué au développement des écoles les mettant en œuvre[8]. En Belgique, à Liège, depuis 2010, une formation continue sur trois ans est proposée aux enseignants des écoles Freinet, ce qui a favorisé l'essor de ces pédagogies dans cette ville[9]. En Finlande, les enseignants du secondaire reçoivent une solide formation pédagogique qui s'étale sur cinq années et comporte de nombreux stages et applications pratiques[10], et un lien est clairement établi entre la qualité de leur formation et les performances des élèves de ce pays, en tête des classements internationaux depuis plus de vingt ans.

Il faut, surtout, transformer en profondeur la formation de la hiérarchie intermédiaire de l'Éducation nationale (inspecteurs, chefs d'établissement...) et des personnels chargés de la formation des enseignants (maîtres formateurs, conseillers pédagogiques...),

---

7. La formation continue, un levier face à la baisse du sentiment d'efficacité personnelle des enseignants au collège ?, en ligne : https://www.education.gouv.fr/la-formation-continue-un-levier-face-la-baisse-du-sentiment-d-efficacite-personnelle-des-enseignants-10007.

8. Rýdl (Karel) et Tomková (Anna), « Alternatives dans les processus d'éducation en République tchèque : histoire et situation actuelle », *Revue française d'éducation comparée*, n° 15, 2017.

9. Nevejans (Rozemarijn) et Vermassen (Marleen), « Formation "pédagogie Freinet" en Flandre », *Le Nouvel Éducateur*, n° 21, 2014.

10. PISA 2015, secrétaire général de l'OCDE (dir.), « Les défis du système éducatif français et les bonnes pratiques internationales », 2016, p. 16. En ligne : https://www.oecd.org/pisa/PISA-2015-Brochure-France.pdf.

puisque ce sont eux qui, en encadrant les enseignants de terrain, vont soutenir, ou non, l'essor de nouvelles pratiques.

L'exemple de la formation active des enseignants du Togo est, à cet égard, très instructif. Depuis 2014, un petit groupe d'enseignants français s'est engagé, en étroite collaboration avec le ministère togolais de l'enseignement, dans un programme ambitieux de formation des enseignants du pays, fondé sur les techniques et les valeurs du mouvement Freinet, que ces enseignants français avaient pratiqué durant toute leur vie professionnelle : l'organisation coopérative de la classe, le sens donné aux savoirs, l'importance des situations de communication réelles (correspondance, journal scolaire), etc. Mais surtout, cette formation a été dispensée non aux enseignants directement, mais aux formateurs, aux inspecteurs, aux personnels d'encadrement et aux professeurs des écoles normales d'instituteurs. Ceux-ci l'ont ensuite eux-mêmes transmise aux enseignants dans les classes. Cela a conduit, en quelques années, à sensibiliser l'ensemble des enseignants du pays. L'évaluation des effets de cette formation[11] a montré que cela a permis des évolutions notables sur le terrain, particulièrement en ce qui concerne la transformation des relations enseignants-élèves et la diminution des châtiments corporels.

Former les personnels d'encadrement est donc un vrai levier efficace pour avoir rapidement un impact sur l'ensemble du système éducatif.

11. Lahanier-Reuter (Dominique), Adokpe (Tokouda), Dara-Ahato (Dotsè Y.), Kpoffon (Kodzo) et Taméklo (Koami G.), « Appropriation de contenus de formation à la pédagogie active par des enseignants au Togo », *Revue française d'éducation comparée*, n° 15, 2017, p. 101-124.

L'importance de la diffusion des nouveaux modèles et des interactions sociales

On dispose d'une abondante littérature scientifique sur les conditions d'un changement effectif en éducation, qui montre que les modalités selon lesquelles les innovations circulent et se répandent sont complexes[12].

À partir de l'étude de l'influence d'une minorité de dissidents russes, comme Soljenitsyne, Serge Moscovici a montré le rôle majeur joué dans les transformations sociales par l'existence d'une « minorité active », preneuse d'initiatives, qui sont ensuite analysées par la majorité, qui va, ou non, suivre cette minorité. Ces analyses ont pu ensuite être transposées au développement des mouvements féministes ou écologistes.

Selon Mucchielli, les mentalités sont susceptibles d'évoluer si trois conditions sont réunies : une pression forte, des modèles nouveaux et des espaces de liberté[13].

D'autres travaux ont apporté la preuve de l'importance des interactions sociales dans l'adoption d'une

---

12. Rey (Olivier), « Le changement, c'est comment ? », *Dossier de veille de l'IFÉ*, n° 107, janvier 2016, ENS de Lyon.
13. Mucchielli (Alex), *La Psychologie sociale*, Hachette, 1994, p. 51. J'ai montré dans plusieurs recherches que ce schéma s'appliquait également à l'évolution des pratiques pédagogiques.

pratique nouvelle[14] et du rôle de l'intervention de collègues ou d'amis. Ainsi, des chercheurs, qui ont étudié la diffusion de l'innovation chez les médecins et les agriculteurs, ont observé que lorsque ces derniers prenaient connaissance d'une pratique nouvelle en lisant des revues professionnelles, ou par d'autres moyens d'information de ce type, ils les adoptaient rarement, alors que lorsqu'ils en prenaient connaissance par des discussions entre pairs, ils les faisaient leurs[15]. Les travaux récents sur les leviers de changement accordent aussi une grande importance à la dimension sociale du changement, à travers la notion de *nudge*, « difficile à traduire littéralement, qui qualifie le petit coup d'épaule ou de coude entre collègues pour encourager, inciter à faire ou à entrer en mouvement »[16].

C'est donc en encourageant les pratiques nouvelles, pionnières, et la connaissance de ces initiatives par les acteurs, que l'on pourrait impulser une dynamique d'évolution du système.

---

14. Moscovici (Serge), *Psychologie des minorités actives*, PUF, 1979.
15. Seashore Louis (Karen) et Marks (Helen M.), « Does Professional Community Affect the Classroom ? Teachers' Work and Student Experiences in Restructuring Schools », *American Journal of Education*, vol. 106, n° 4, 1998, p. 62-106.
16. Rey (Olivier), « Le changement, c'est comment ? », *Dossier de veille de l'IFÉ*, n° 107, janvier 2016, ENS de Lyon.

Pour des écoles « laboratoires de l'innovation et de la recherche[17] »

Cela signifie que, dans l'Éducation nationale, il faut stabiliser les établissements expérimentaux existants en leur donnant un statut pérenne, incluant la possibilité de coopter une équipe sur postes à profil et de faire le choix d'une direction collégiale, et en leur garantissant de pouvoir perdurer sur le long terme sans que des tracasseries et des remises en cause incessantes absorbent l'essentiel de l'énergie des équipes. En résumé : leur permettre de fonctionner sereinement, vivre et analyser les effets d'une expérimentation requiert du temps et de la stabilité.

Il faut également multiplier ces établissements, dans toutes les académies, en donnant une suite favorable aux projets des équipes de terrain et en les accompagnant. L'existence de tels établissements dans l'enseignement public est essentielle pour démontrer la viabilité d'un fonctionnement pédagogique différent dans un cadre standard et auprès d'élèves du tout-venant, pour produire des modèles transposables et favoriser la diffusion des innovations dans l'ensemble du système scolaire.

Il faut aussi, évidemment, soutenir et développer l'ensemble des pratiques de ce type mises en œuvre

17. Je reprends cette expression de la rubrique « ce que nous souhaitons » du site de la FESPI.

dans les établissements standards, et ce à tous les niveaux d'enseignement, de la maternelle à l'université.

Le développement d'écoles expérimentales hors contrat doit également être favorisé, car la liberté dont elles disposent (par exemple, en ayant la possibilité de ne pas recruter des enseignants passés par le « moule » de la formation institutionnelle et donc « formatés » d'une certaine façon) leur permet des pratiques plus audacieuses, plus inventives : un vent d'air frais !

Il faudrait que certaines d'entre elles obtiennent un statut – dont la définition est à inventer – qui serait, en quelque sorte, celui d'une école expérimentale sous contrat. Sous réserve que ces écoles satisfassent à un certain nombre de critères, elles seraient subventionnées à hauteur maximale de la dépense par élève dans l'Éducation nationale. On peut s'inspirer de la situation allemande : à la fin de la 3e année d'existence d'une école hors contrat, l'État prend en charge les deux tiers de ses dépenses à condition que cet établissement scolarise au moins 12 élèves, qu'il ait mis en place une tarification progressive ou un système de bourses qui en permette l'accès au plus grand nombre et qu'il ait engagé des enseignants diplômés[18].

Les critères à prendre en compte en France devraient inclure le souci d'une véritable mixité sociale, le lien étroit avec la recherche universitaire en éducation, la mise en place d'actions de formation favorisant l'essaimage, et l'existence d'une véritable formation citoyenne

18. Walentowitz (Saskia) et Eggers (Daria), *Aspects économiques des écoles alternatives en Allemagne : le cas de la Freie Schule Friesland à Zetel*, communication lors de la journée de recherche « La dimension économique des alternatives éducatives : acteurs, intérêts, pédagogies, controverse », université de Cergy, 25 octobre 2021.

par la pratique démocratique vécue en classe, pour former des citoyens concernés par le bien commun.

Des études étrangères ont montré que le développement d'écoles différentes dans le privé pouvait avoir une influence importante sur l'ensemble du système scolaire. « L'éducation alternative à Taïwan est devenue aujourd'hui le principal instigateur des réformes engagées dans l'Éducation nationale[19] », affirme Pascal Hung-Ju Hsu. « Grâce aux performances des écoles qui ont démontré l'efficacité d'approches non verticales et non répressives de l'enseignement, aujourd'hui, de nombreuses écoles dites traditionnelles mettent en œuvre, sous l'effet de la législation en vigueur, un certain nombre d'éléments organisationnels et didactiques inspirés des écoles alternatives », rapportent Karel Rýdl et Anna Tomková pour la République tchèque[20].

La question de l'articulation entre expérimentation pédagogique et recherche a été pensée et travaillée de multiples façons[21]. Des mouvements pédagogiques établis[22] et la FESPI (Fédération des établissements scolaires publics innovants, qui regroupe la plupart des établissements secondaires différents ouverts dans les dix dernières années) développent des projets de recherche-action-formation en partenariat avec des équipes

19. Hsu (Pascal Hung-Ju), « Éducation par la vie et pour la vie : les idées et pratiques pédagogiques à "l'école expérimentale éducative de la Voie de la Nature" à Taïwan », propos recueillis par Anne-Marie Sanchez, *Cahiers pédagogiques*, 2017.
20. Rýdl (Karel) et Tomková (Anna), « Alternatives dans les processus d'éducation en République tchèque : histoire et situation actuelle », *Revue française d'éducation comparée*, n° 15, 2017.
21. Hugon (Marie-Anne) et Viaud (Marie-Laure) (dir.), *Les Établissements scolaires différents et la recherche en éducation*, Artois Presses Université, 2015.
22. Bordes (Véronique), Hugon (Marie-Anne) et Pezeu (Geneviève) (coord.), *Éduquer par la diversité en Europe*, L'Harmattan, Paris, 2010. Cet ouvrage est tiré d'une recherche associant des universitaires et la FOEVEN.

universitaires[23]. D'autres écoles travaillent avec des chercheurs associés, comme celles de l'ANEN (Association nationale pour le développement de l'Éducation nouvelle)[24]. Le mouvement Freinet a initié en 2009 son propre « laboratoire de recherche coopérative[25] ». Depuis la fin du 19e siècle, des écoles expérimentales ont aussi été créées en lien avec des universités. C'est ainsi que l'Américain John Dewey a institué en 1896, au sein de l'université de Chicago, une école fondée sur la pédagogie de projet et le souci de « créer dans la classe les conditions favorables à la formation du sens démocratique[26] ». Il existe aussi en Allemagne des « écoles d'essai » (*Versuchsschulen*), dont la plus connue est l'école-laboratoire de Bielefeld. Créée en 1974, elle est adossée à un laboratoire de recherche[27] qui accompagne et soutient le processus d'expérimentation, et ses résultats font l'objet de nombreuses publications[28]. En 2017, une « lab school » (école-laboratoire) a vu le jour à Paris[29]. Dans le public, l'Institut français de l'éducation (IFÉ) porte et anime un réseau de lieux d'éducation associés (LéA), dont le but est de développer des liens entre le monde de la recherche et le monde de l'éducation à travers la mise en œuvre de recherches collaboratives[30].

En s'inspirant de ces expériences, tous les établissements expérimentaux, publics ou privés, devraient être

23. Cf. le projet Fespipool-Fondation de France sur le site de la fédération des établissements scolaires publics innovants (FESPI) : fespi.fr
24. Charte de l'ANEN, en ligne : http://anen.fr/accueil/education-nouvelle/charte.
25. Laboratoire de recherche coopérative de l'ICEM-pédagogie Freinet, *Dictionnaire de la pédagogie Freinet*, ESF, 2018.
26. Westbrook (Robert B.), « Grands pédagogues : John Dewey », dans *Perspectives, revue trimestrielle de l'éducation*, vol. XXIII, n° 1-2, mars-juin 1993, Unesco, Bureau international d'éducation, Paris, p. 277-93.
27. Laborschule Research Unit, en ligne : http://www.uni-bielefeld.de/wels.
28. http://www.uni-bielefeld.de/LS/laborschule_neu/dieschule_fr.html.
29. Haag (Pascale), « Les lab schools *: des espaces d'hybridation pédagogique* », dans Leleu-Galland (Ève) et Samarine (Florence), *Pédagogies alternatives et démarches innovantes*, Nathan, 2020.
30. Léa-Ifé, en ligne : http://ife.ens-lyon.fr/lea.

conçus comme des laboratoires de l'innovation et de la recherche. Ils auraient en commun d'être fondés sur un étroit partenariat entre chercheurs en éducation et praticiens de terrain.

Cette collaboration pourrait prendre plusieurs formes. Ces écoles seraient d'abord des « laboratoires d'application », où seraient mises en place les pratiques les plus efficaces, telles qu'elles ont été identifiées, décrites et analysées par les recherches en éducation existantes, de façon à affiner les conditions de leur mise en œuvre. Elles seraient aussi le lieu d'expérimentation de pratiques nouvelles, inédites.

Tous ces travaux pourraient être menés soit *via* des recherches (ces écoles devenant alors le terrain de recherches pour des chercheurs universitaires, par exemple pour les étudiants de master et les doctorants), soit par le biais de recherches-actions collaboratives visant à analyser les effets des pratiques pédagogiques mises en œuvre.

Ces écoles « laboratoires de l'innovation » auraient aussi pour vocation de contribuer activement à la formation des cadres intermédiaires de la hiérarchie, notamment en étant des lieux de stages pour eux, de manière à essaimer par l'interrogation des pratiques *in situ* – ce qui est bien plus efficace que tout discours.

Encourager, développer, pérenniser une véritable diversité éducative, en lien étroit avec la recherche en éducation et la formation ; analyser, documenter et diffuser des pratiques pionnières : c'est uniquement ainsi qu'il sera possible de semer les graines indispensables pour contribuer à l'évolution du système éducatif dans sa globalité.

Remerciements

Je remercie d'abord ma famille, particulièrement mon compagnon et mes enfants, ainsi que ma mère et mon beau-père, pour leur soutien inconditionnel, et pour avoir soutenu patiemment depuis plus de vingt ans ma passion pour les pédagogies alternatives.

Je remercie également mes collègues du laboratoire Récifes (université de Lille Nord de France), pour avoir toujours encouragé mes recherches sur les écoles et pédagogies différentes, ainsi que tous les chercheurs et enseignants de terrain qui font vivre le réseau Recherches pédagogies différentes.

Un remerciement particulier à Marie-Anne Hugon pour déjà plus de trente ans d'échanges intellectuels et amicaux, pour sa disponibilité et pour ses conseils toujours pertinents.

Merci beaucoup à tous ceux, bénévoles, voisins du quartier, élèves, familles, qui ont participé à l'aventure de L'Autre Collège et qui, chacun à leur façon, ont permis son ouverture et son développement: Noémie Szary-Viaud, Stéphanie Mousset, Awa Necker-Niang, Tony Spinhirny, Stéphane Perra, Gwenola Dobé, Chloé Thibert, Laura Zebiche, Eric Demeure, Jacques et Gisèle Levy... sans oublier tous les élèves et leurs familles, et tous les autres que je ne peux citer ici.

Un merci avec mention spéciale à Constance Lenoir et à Saskia Walentowitz, présidentes successives de l'association L'Autre Collège ; sans leur audace et leur énergie, ce projet n'aurait pas pu exister.

Un grand merci à Jacques Billière-George, Marie-Anne Hugon et Saskia Walentowitz pour leur relecture avisée du manuscrit.

Merci enfin à mon éditrice, Astrid Desbordes, pour son soutien et ses encouragements.